Der Eigentumvorbehalt

Von

Christian Meißner,
Rechtsanwalt in Würzburg

1932
München, Berlin und Leipzig
J. Schweitzer Verlag (Arthur Sellier)

Druck von Dr. F. P. Datterer & Cie., Freising-München.

Vorwort.

Bei der Verarmung und Kapitalnot der Wirtschaft sind die Lieferanten darauf angewiesen, ihre Waren nur unter Vorbehalt des Eigentums herzugeben. Dieser Vorbehalt steht wohl in den allgemeinen Lieferungsbedingungen aller Lieferantenverbände. Hieraus ergeben sich zahlreiche Streitfragen, welche die Gerichte in immer zunehmendem Ausmaß beschäftigen und die beteiligten Wirtschaftskreise zur fortgesetzten Überprüfung ihrer allgemeinen und besonderen Verkaufsbedingungen veranlassen.

Dies rechtfertigt, obwohl schon gründliche Bearbeitungen des Eigentumvorbehalts vorliegen, den Versuch, durch eine übersichtliche, logisch gegliederte und möglichst erschöpfende Darstellung der Rechtsanwendung und der Wirtschaft zu dienen.

Das umfangreiche Inhaltsverzeichnis wird die Handhabung erleichtern.

Würzburg im Juni 1932. Der Verfasser.

Inhaltsverzeichnis.

Verzeichnis der Abkürzungen.

Im allgemeinen sind die üblichen Abkürzungen verwendet.

EV.	=	Eigentumvorbehalt.
Hörle	=	Hörle, Gruchots Beiträge zur Erläuterung des deutschen Rechts, Bd. 55.
Jacusiel	=	Jacusiel, Der Eigentumsvorbehalt (1932).
IHK.	=	Der Eigentumsvorbehalt in Wirtschaft und Recht, herausgegeben von der Industrie- und Handelskammer zu Berlin (1931).
Lechner	=	Lechner, Abzahlungsgeschäfte (1932).
Rühl	=	Rühl, Eigentumsvorbehalt und Abzahlungsgeschäft (1930).
Samter	=	Samter, Kommentar zum Reichsgesetz betr. die Abzahlungsgeschäfte (1927).
Stulz	=	Stulz, Der Eigentumsvorbehalt im in- und ausländischen Recht (1932).

§ 1.
Einfluß und Voraussetzungen des Abzahlungsgesetzes.

Die erste Frage, über die man sich beim Eigentumvorbehalt klar werden muß, ist die, ob die Vorschriften des Abzahlungsgesetzes vom 16. Mai 1894 (RGBl. 450) auf das gegebene Rechtsverhältnis anzuwenden sind oder nicht; denn diese Vorschriften sind zwingend. Sie werden unten § 12 S. 66ff. dargestellt.

Das Abzahlungsgesetz ist auf eine Veräußerung unter EV. nur dann anzuwenden, wenn folgende vier Voraussetzungen gegeben sind:

1. Der Empfänger der Ware darf zur Zeit des Vertragsschlusses (Lechner 39; dagegen betrachten Samter 98, Rühl 229 die Zeit der Übergabe als entscheidend) nicht als Kaufmann[1]) in das Handelsregister eingetragen sein (§ 8 AbzG.).
2. Es muß sich um ein Rechtsgeschäft handeln, das (wenn auch nur versteckt, § 6 AbzG. z. B. Möbelmietvertrag — vgl. Staub-Pinner Anm. 94 Anh. zu § 382 HGB.; Mentzel Bem. 2 zu § 19 KO.; Gruchot 55, 178) auf Übertragung des Eigentums[2]) einer beweglichen Sache gegen Entgelt gerichtet ist (§§ 1, 6 AbzG.). Diese Voraussetzung ist nicht gegeben, wenn eine Rechtsgesamtheit z. B. ein Geschäft mit dazugehörigem Inventar verkauft wird (Warneyer E. 1929 Nr. 2, vgl. aber auch RG. 67, 383; JW. 1908, 692 RG.).

   Bei der Verpachtung einer Wirtschaft mit Inventar ist das AbzG. anzuwenden, wenn der Brauerei das Recht zu gewissen Aufschlägen auf den Bierpreis eingeräumt ist, die dem Wirt für den Erwerb des Inventars gutzuschreiben sind (Staub-Pinner Anm. 74a, Anhang zu § 382 HGB. und Nachweise).
3. Die Kaufsache muß dem Erwerber übergeben (vgl. Hörle, Gruchot 55, 179) und der Erwerbspreis muß nach der Übergabe der Sache in Teilzahlungen zu berichtigen sein.

   Hiefür genügt, wenn zwei Teilbeträge nach der Übergabe zu leisten sind (SeuffBl. 73, 367 RG.), die nicht ziffermäßig bestimmt sein müssen. (RG. 136, 139). Die Festsetzung bestimmter Zahlungstermine ist nicht erforderlich. Hat sich der Käufer zu einer

---

[1]) Daß er wirklich Kaufmann ist, wird nicht gefordert (Bondi, JW. 1930, 3778. A. M. dagegen Lechner 38; Hörle, Gruchot 55, 178). Auch die Eintragung als Teilhaber einer offenen Handelsgesellschaft fällt unter § 8 AbzG. (JW. 1930, 3778 KG.). Darauf, ob das Abzahlungsgeschäft in den Betrieb des Handelsgewerbes fällt, kommt es nicht an.

[2]) Die Verbindung mit Nebenzwecken z. B. Verkauf und Reparatur eines gebrauchten Kraftwagens gegen einheitliches Entgelt (Warneyer E. 1910 Nr. 16) steht der Anwendbarkeit des Abz.-Ges. nicht entgegen (Lechner 5).

sofort bei der Übergabe fälligen Anzahlung verpflichtet, während der Rest später auf einmal zu zahlen ist, so liegt kein Abzahlungsgeschäft vor. Ein Geschäft wird nicht dadurch zum Abzahlungsgeschäft, daß nachträglich, nämlich erst nach der Übergabe, z. B. in einem Vergleich Stundung zur ratenweisen Zahlung des Kaufpreises vereinbart wird.

Wenn der Käufer eine Anzahlung leistet und für den Rest des Kaufpreises ein Drei-Monatsakzept mit Prolongations-Vereinbarung gibt, dann sind zwei Teilbeträge nach der Übergabe zu leisten. Das AbzG. ist anzuwenden (vgl. RG. 136, 127).

4. Die Ratenzahlungen müssen Gegenleistungen für den Eigentumübergang sein. Ist dies der Fall, so wird hieran durch Abtretung der Kaufpreisforderung natürlich nichts geändert.

Wenn aber der Käufer bei einem Dritten ein in Raten rückzahlbares Darlehen zu dem Vertragszweck aufnimmt, hiermit die um den gleichen Preis gekauften Möbel auf einmal zu bezahlen, während das Eigentum an diesen Möbeln dem Darlehensgeber zur Sicherheit für die Darlehensforderung übertragen wird, dann ist das Abzahlungsgesetz weder auf das Darlehen, noch auf den Kauf anzuwenden; denn die Raten werden als Darlehen, nicht als Kaufpreis geschuldet.

Wenn freilich der Verkäufer den Darlehensgeber nur als Strohmann vorschiebt, dann sind die zwingenden Bestimmungen des Abzahlungsgesetzes auf das Darlehensverhältnis anzuwenden.

Nach diesen Grundsätzen ist auch die sog. Konsumfinanzierung (vgl. JW. 1931, 75) zu beurteilen. Dabei ist grundsätzlich zu unterscheiden, ob es sich um Absatzfinanzierung oder Kundenfinanzierung handelt. Die Absatzfinanzierung ist den zwingenden Bestimmungen des Abz.-Ges. unterworfen, während die Kundenfinanzierung hiervon nicht erfaßt wird.

Absatzfinanzierung liegt vor, wenn das Finanzierungsinstitut dem Verkäufer den Betrag des vom Käufer geschuldeten Restkaufpreises vorschießt und sich dafür die Rechte des Verkäufers gegen den Käufer abtreten läßt. Kundenfinanzierung dagegen ist gegeben, wenn das Finanzierungsinstitut dem Käufer ein Darlehen gibt, indem es für ihn den geschuldeten Restkaufpreis bezahlt und sich im übrigen durch die Bestimmungen des zwischen ihm und dem Darlehensnehmer (Käufer) abgeschlossenen Vertrags sichert, wobei auch die ratenweise Zurückzahlung des Darlehens näher geregelt wird. (JW. 1932, 2045 Köln). Für diese Unterscheidung kommt es also entscheidend darauf an, ob der Kredit dem Verkäufer oder dem Käufer gewährt wird. Da das Kaufgeschäft und das Kreditgeschäft in einem unmittelbaren wirtschaftlichen Zusammenhang stehen, ist im Einzelfall oft nicht leicht zu entscheiden, ob es sich um Absatz- oder um Kundenfinanzierung handelt. Absatzfinanzierung ist anzunehmen, wenn zwischen dem Kaufvertrag und dem Kreditvertrag nicht nur der unvermeidbare wirtschaftliche, sondern auch ein derartig enger rechtlicher Zusammenhang besteht, daß das Kreditinstitut dem Käufer gegenüber an die Stelle des Verkäufers tritt, so daß im Grunde genommen der Anspruch des Kreditinstituts gegen den Käufer nicht auf einem Darlehen, sondern auf einem Kaufvertrag (ausdrückliche oder stillschweigende Abtretung der Kaufpreisforderung) beruht. Darauf, daß der Abschluß dieses Darlehensgeschäfts vom Verkäufer veranlaßt wurde, ist das entscheidende Gewicht nicht zu legen. Das Geschäft wird seines Charakters als Kundenfinanzierung auch dadurch nicht entkleidet, daß der Verkäufer Ratenwechsel, welche der Darlehensnehmer (Käufer) zur Deckung der Darlehensschuld akzeptiert, als Aussteller zeichnet und an die Finanzierungsgesellschaft giriert, welche die Wechselbeträge abzüglich der Diskontspesen an den Verkäufer sofort bezahlt. Nur der Form nach vollzieht sich dies durch Wechseldiskontierung. Dem Wesen nach gewährt die Finanzierungsgesellschaft den Kredit nicht dem Verkäufer, sondern dem Käufer; die Zeichnung der Wechsel durch den Verkäufer als Aussteller hat wechselrechtlich allerdings die Bedeutung, daß der Verkäufer der Finanzierungsgesellschaft seine Rechte aus dem Wechsel überträgt, materiellrechtlich stellt diese Ausstellung nur die Form einer kumulativen, samtverbindlichen Übernahme einer Schuld des Käufers an die Finanzierungsgesellschaft dar.

Die gewählte Form ist nicht schlechthin entscheidend, sondern der wahre Vertragswille der Parteien. Der Käufer muß aus der klaren und unzweideutigen Formulierung des Vertrags zweifelsfrei erkennen, daß er zur Zahlung des Kaufpreises ein Darlehen erhält, daß er es nicht vom Verkäufer, sondern vom Finanzierungsinstitut erhält und daß die Kaufpreisschuld durch die Verwendung des Darlehens getilgt wird. Mit diesem Vertragswillen des Käufers muß sich der Vertragswille des Finanzierungsinstituts decken. Dann hat man es mit einer Kundenfinanzierung zu tun, die den Bestimmungen des Abz.-Ges. nicht unterworfen ist. Wenn aber die Finanzierungsgesellschaft nur vorgeschoben ist, während sich in Wahrheit hinter ihr der Verkäufer verbirgt[1]), so ist die Form der Absatzfinanzierung zur Umgehung des Abz.-Ges. ge-

[1]) Rühl JW. 1931, 76 nimmt Umgehung des AbzG. auch stets dann an, wenn sich der Darlehensgeber dauernd mit der Finanzierung von Einkäufen befaßt, wenn sein Geschäftsbetrieb ganz oder teilweise darauf zugeschnitten ist. Das geht zu weit. Bei der Verarmung unserer Volkswirtschaft ist der Kraftwagenhandel gar nicht in der Lage, mit eigenen Mitteln die Verkäufe zu finanzieren. Es besteht ein volkswirtschaftliches Bedürfnis nach Finanzinstituten, welche die Finanzierung durchführen. Ob eine solche Finanzierung von einer Bank, die ihrem Kunden ein Darlehen zum Kauf eines Kraftwagens gibt, nur vereinzelt erfolgt oder ob solche Finanzierungen dauernd erfolgen, kann keinen grundsätzlichen Unterschied der Beurteilung begründen. Crisolli, AbzG. 278 unterstellt die Kundenfinanzierung schon dann dem AbzG., wenn das Darlehen vertraglich nur zur Bezahlung der Kaufpreisschuld aus einem Abzahlungsgeschäft verwendet werden darf. Einen scharfen Standpunkt nimmt auch JW. 1932, 2044 Köln ein. Wie hier dagegen Lechner 35.

wählt, so daß dieses gemäß § 6 hierauf anzuwenden ist. Das kann unter Umständen schon angenommen werden, wenn der Verkäufer einen maßgebenden Einfluß auf die Verwaltung der Finanzierungsgesellschaft ausübt. Der Händler und die Finanzierungsgesellschaft müssen rechtlich und wirtschaftlich unabhängig voneinander sein; es dürfen keine zu engen Bindungen zwischen ihnen bestehen (RG. 15. Febr. 1929 II 400/28 Recht des Kraftfahrers 1929 S. 185. Vgl. RG. 128, 251; JW. 1929, 1380; etwas einschränkend JW. 1931, 1181 RG.; vgl. JW. 1931, 75 KG.) Diese Entscheidungen befassen sich zum Teil auch mit der Frage, ob die Bestimmungen des Darlehensvertrags im Ganzen oder in einzelnen Teilen (§ 139 BGB.) gegen die guten Sitten verstoßen (s. unten S. 14; vgl. JW. 1932, 2044 Köln).

§ 2.
Begriff und Wesen des Eigentumvorbehalts.

I. Begriff. Unter EV. versteht man eine vom Verkäufer vor oder bei der Übergabe (s. unten S. 13) der Sache abgegebene, empfangsbedürftige Willenserklärung des Inhalts, daß er durch die Übergabe das Eigentum an der Sache nicht aufgeben, sondern behalten will. Diese Erklärung hat dingliche Wirkung.

Wenn aber dem Käufer lediglich verboten ist, durch Sicherungsübereignung oder Verpfändung über die Ware zu verfügen (sog. uneigentlicher Eigentumvorbehalt, der kein EV. im Sinn des § 455 BGB. ist, vgl. Rühl 75ff.), so hat dies keine dingliche Wirkung, auch nicht gegenüber dem bösgläubigen Erwerber; dieser kann jedoch unter Umständen aus § 826 BGB. auf Schadenersatz belangt werden (vgl. RG. 78, 17; 83, 239).

Nicht mit EV., sondern mit Sicherungsübereignung hat man es zu tun, wenn der Verkäufer dem Käufer die Sache übergibt und mit ihm vereinbart, daß der Käufer die Sache zur Sicherung der Kaufpreisforderung zurückübereignet und als Mieter oder Verwahrer behält (Warneyer E. 1928 Nr. 124).

Darauf, mit welchen Worten der Verkäufer den Vorbehaltwillen zum Ausdruck bringt, kommt es nicht an.

Der EV. kann schon dadurch erklärt werden, daß ein Kaufmann einem anderen Ware „in Kommission" gibt. Nur muß dabei unterschieden werden, ob dieser die Ware für seine eigene Rechnung oder für Rechnung des Lieferanten verkaufen soll. Hiefür ist maßgebend, wem der wirtschaftliche Erfolg des Weiterverkaufs zufallen soll. Ist für die „in Kommission gegebene" Ware ein fester Kaufpreis vereinbart, so ist das Rechtsverhältnis in der Regel (RG. 110, 120) kein Kommissionsgeschäft im Sinn der §§ 383, 406 HGB. (RG. 94, 66), sondern Kauf mit EV. im Sinn des § 455 BGB. Bei dem eigentlichen Kommissionsgeschäft ist es selbstverständlich, daß der Kommittent das Eigentum erst mit dem Weiterverkauf verliert (Staub-Pinner Bem. 35 zu § 383;

Ausnahmen ebenda Bem. 36). Ein ausdrücklicher EV. ist aber an sich mit einem Kommissionsgeschäft nicht unverträglich (RG. 110, 119). Er unterliegt aber in erster Linie den kommissionsrechtlichen Bestimmungen (§§ 383ff. HGB.).

II. Gegenstand des Eigentumvorbehalts.

Nur an beweglichen körperlichen Gegenständen ist der EV. möglich, auch an einer Sachgesamtheit z. B. einem Warenlager[1]) (Gruchot 53, 954; OLG. 33, 271; Warneyer E. 1909 Nr. 198; Recht 1909 Nr. 649 bis 651). Ist ein EV. an einer Rechtsgesamtheit (Inbegriff von Gegenständen) z. B. an einem Geschäft bedungen, so können hiervon nur die beweglichen Sachen erfaßt werden (vgl. RG. 67, 383; 119, 64; Warneyer E. 1929 Nr. 2; oben S. 1).

An unbeweglichen Sachen ist ein EV. nicht möglich (§ 925 Abs. 2 BGB.). Es kann aber ein bedingter persönlicher Rückübertragungsanspruch vereinbart und durch Vormerkung nach § 883 Abs. 1 BGB. gesichert werden (RGR. Bem. 2 zu § 455; vgl. Mentzel Bem. 2 letzter Abs. zu § 26 KO.). Auch an den wesentlichen Bestandteilen einer unbeweglichen Sache ist an sich ein EV. begriffwidrig (vgl. § 93 BGB.). Behält sich aber der Eigentümer eines Pachtgrundstückes das Eigentum an den Früchten vor, so wird hiedurch in dinglich wirksamer Weise vereinbart, daß der Pächter durch die Trennung der Früchte vom Grundstück nicht Eigentümer werden soll (§§ 581, 956, 957 BGB.). Soll nach Zahlung des Pachtschillings das Eigentum an den Früchten vereinbarungsgemäß auf den Pächter übergehen, so hat man es von der Trennung der Früchte an mit einem EV. im Sinne des § 455 BGB. zu tun (vgl. Fischer, SeuffBl. 1913, 178ff.).

[1]) Dabei kann vereinbart werden, daß auch Sachen, die der Käufer in Zukunft von (demselben) Verkäufer erwirbt und dem Warenlager einverleibt, von dem EV. erfaßt werden. Aber nicht die Einverleibung in das Lager ist entscheidend, sondern die wirksame, im Voraus getroffene Vereinbarung, daß der EV. auch für künftige Lieferungen gelten soll (vgl. BayZ. 1906, 381 RG.; RGR. Bem. 2 zu § 455). Unwirksam, weil begrifflich widersinnig wäre eine Vereinbarung, daß auch die künftig von dritten Personen gelieferten Waren von selbst dem EV. des Verkäufers des Warenlagers durch deren Einbringung in das Lager unterworfen sein sollen. Denn nur an einzelnen körperlichen Gegenständen ist ein EV. wirksam. Wer ein Warenlager unter EV. verkauft, behält sich hiedurch an allen bei der Übergabe vorhandenen Einzelgegenständen das Eigentum vor (vgl. Gruchot 53, 956 RG.). Auch eine Vereinbarung, wonach dem Vorbehalt-Verkäufer des Warenlagers im Voraus die von Dritten gelieferten, dem Lager einverleibten Waren zur Sicherheit übereignet werden, ist dinglich fragwürdig, weil einerseits die erforderliche Konkretisierung fehlt (die hinzukommenden Waren bilden ja für sich allein kein Warenlager) und die in echtem fremden Eigentum stehenden Waren mit den Waren, die nur einem formalen Eigentum von pfandmäßigem Charakter unterworfen sind, in eine unvereinbare Rechtsgemeinschaft gebracht werden sollen.

Über Einbringung von Waren unter EV. in ein Warenlager des Käufers, das mit seinem wechselnden Bestand einem Dritten zur Sicherheit übereignet ist, vgl. RG. 113, 57.

Wirksam ist der EV. auch an Sachen, die zum Weiterverkauf (s. unten § 5 III S. 19) zur Verbindung oder Vermischung mit anderen Sachen (s. unten § 5 IV S. 26 f.) zur Verarbeitung (s. unten § 5 IV S. 28) oder zum Verbrauch bestimmt sind (Staub-Pinner Bem. 68 a Anh. § 382 HGB.)

Das Eigentum kann an sich wirksam nur an Sachen vorbehalten werden, die dem Verkäufer eigentümlich gehören. Ist die Sache mit einem dinglichen Mobiliarpfandrecht belastet (s. hierüber unten S. 38 ff.), so kann der EV. nur unbeschadet dieses Mobiliarpfandrechts begründet werden. Bei Veräußerung einer fremden oder dinglich belasteten Sache greifen aber die Vorschriften über den Schutz des gutgläubigen Erwerbs ein (s. hierüber unten § 5 S. 21).

III. Die dingliche Wirkung des Eigentumvorbehalts.

§ 455 BGB. bestimmt:

> „Hat sich der Verkäufer einer beweglichen Sache das Eigentum bis zur Zahlung des Kaufpreises vorbehalten, so ist im Zweifel anzunehmen, daß die Übertragung des Eigentums unter der aufschiebenden[1]) Bedingung vollständiger Zahlung des Kaufpreises erfolgt und daß der Verkäufer zum Rücktritt von dem Vertrag berechtigt ist, wenn der Käufer mit der Zahlung in Verzug kommt."

Was hier der Gesetzgeber im Zweifel unterstellt, gilt vorbehaltlich besonderer Vereinbarungen als der wirkliche Vertragswille. Er wird den folgenden Ausführungen zugrunde gelegt:

1. Eigentum des Verkäufers.

Dem Verkäufer bleibt bis zur Zahlung des Kaufpreisrestes das wahre und volle Eigentum (vgl. Schwister JW. 1931, 1160 ff.). Der Gerichtsvollzieher hat daher bei einer Vollstreckung, die gegen den Käufer in die Sache vorgenommen wird, das Interesse des Eigentümers (Verkäufers) zu wahren, widrigenfalls der Staat gemäß Art. 131 RVerf. schadenersatzpflichtig werden kann (JW. 1931, 2427 RG.). Der Verkäufer kann nach seinem Rücktritt und unter Umständen trotz Aufrechthaltung des Vertrags die Herausgabe der Sache vom Käufer verlangen (s. hierüber unten S. 16). Auch von einem Dritten, dem der Käufer die Sache überlassen hat, kann der Verkäufer Herausgabe verlangen, sofern der Dritte nicht Eigentum erworben hat. Solange aber der Käufer zum Besitz berechtigt ist, kann der Verkäufer vom Dritten nur Herausgabe an den Käufer, nicht an sich selbst verlangen (§ 986 Abs. 1 Satz 2 BGB.; vgl. Jacusiel 57).

Dem Verkäufer steht gegen Entziehung seines Eigentums durch Zwangsvollstreckung die Widerspruchsklage des § 771 ZPO. zu[2]) (vgl.

---

[1]) Nicht um EV. handelt es sich, wenn das Eigentum übertragen wird mit der Verabredung, daß das Eigentum an den Verkäufer im Fall des Käuferverzugs (auflösende Bedingung, § 185 BGB.) zurückfallen soll.

[2]) Auch dann, wenn er den Käufer zur Weiterveräußerung ermächtigt hat (Rühl 163).

Schwister JW. 1931, 1160ff.). Auch eine vom Finanzamt gegen den Käufer betriebene Zwangsvollstreckung wegen Steuerrückstandes ist vom Verkäufer mit der Widerspruchsklage aus § 328 RAbgO. abzuwehren; er kann nicht auf die Klage auf vorzugsweise Befriedigung aus dem Erlös (§ 346 RAbgO.) verwiesen werden (RG. 124, 74 gegen RFH. 19, 125)[1]).

Das vorbehaltene Eigentum ist etwas anderes und mehr als ein Pfandrecht. Es geht daher nicht ohne weiteres auf den Erwerber der Kaufpreisforderung über (s. unten S. 14), und der Bürge für den Kaufpreis hat nicht das Recht, die Erfüllung der Bürgschaftspflicht zu verweigern, bis der Gläubiger Befriedigung aus der Vorbehaltsache gesucht hat (SA. 75, 161 RG.)[2]).

Im Konkurs des Käufers hat der Verkäufer den Aussonderungsanspruch (Mentzel KO. Anm. 2 zu § 43, vgl. unten S. 49) der durch Zahlung des Kaufpreises abgewendet werden kann. Ein besonders vorsichtiger Eigentümer wird vorsorglich auch den Absonderungsanspruch erheben. (Vgl. JW. 1928, 63 RG.; RGR. Bem. 6 vor § 104).

Andererseits ist das Eigentum des Verkäufers durch das Besitz- und Benutzungsrecht des Käufers beschränkt (hierüber insbes. über den Anspruch des Verkäufers gegen den Käufer auf Herausgabe der Sache s. unten S. 16).

Der Verkäufer ist mittelbarer Besitzer, aber Eigenbesitzer (§ 872 BGB.; RG. 74, 126; 95, 105)[3]); er kann vom Käufer die Vorlegung der Sache zur Besichtigung oder die Gestattung der Besichtigung verlangen (§ 809 BGB.).

Nach § 2 Abs. 4 der KraftfahrzeugVO. vom 10. Mai 1932 (RGBl. 201) obliegen im Fall der Veräußerung des Kraftfahrzeuges unter EV. die durch diese Verordnung dem Eigentümer auferlegten Pflichten (vgl. § 5 Abs. 1; § 6 Abs. 3 mit 7; § 35; § 41; § 48 dieser VO.) dem Vorbehaltkäufer.

2. Fremde Sache für den Käufer.

Für den Käufer bleibt die Sache bis zum Eintritt der Bedingung eine fremde Sache.

a) Er macht sich also einer Unterschlagung schuldig, wenn er sich die Sache bewußt rechtswidrig aneignet (§ 246 RStGB.).

---

[1]) Scholz, JHK. 218 (vgl. auch Michel, ebenda 261) bekämpft die Entsch. RG. 124, 74 mit beachtlicher Begründung. Der Eigentümer wird daher gut daran tun, mit der Klage aus § 328 RAbgO. den Anspruch aus § 346 RAbgO. hilfsweise zu verbinden.

[2]) Hat der Bürge den Gläubiger befriedigt, so geht mit der Kaufpreisforderung (§ 774 BGB.) auf den Bürgen auch der schuldrechtliche Anspruch über, ihm das vorbehaltene Eigentum in dinglich wirksamer Weise zu übertragen (Jacusiel 77, unter Hinweis auf die Sicherungsübereignung betreffende Entsch. RG. 89, 193). Ein Verzicht des Verkäufers auf das vorbehaltene Eigentum befreit den Bürgen, der nicht als Selbstschuldner haftet (vgl. Jacusiel 77).

[3]) Die Eigentumvermutung des § 1006 BGB. kommt dem mittelbaren Besitzer auch gegenüber dem unmittelbaren Besitzer zustatten (vgl. RGR. Bem. 5 zu § 1006).

Zur „Aneignung" genügt es noch nicht, daß der Käufer über die Sache „wie ein Eigentümer verfügt", es muß ihm vielmehr aus den Umständen der Wille nachgewiesen werden, dem Verkäufer das Eigentum zu entziehen und sich[1]) zuzuwenden. Dieser Wille ist bei einer unbefugten Veräußerung gegeben, es sei denn, daß hiebei das Eigentum des Erstverkäufers gewahrt wird[2]). Auch in einer Verpfändung oder Sicherungsübereignung für eine Schuld des Käufers oder eines Dritten liegt regelmäßig die Aneignung (vgl. RGStr. 26, 230; Peschke JHK. 200); Ausnahme, wenn der Täter gewillt ist, das Pfand wieder einzulösen und sich hierzu sicher in der Lage halten kann. Dagegen kann der Aneignungswille aus einem vertragswidrigen Gebrauch im Gegensatz zum Verbrauch nur ausnahmsweise bei ganz besonderen Umständen gefolgert werden (JW. 1930, 1754 KG.; Peschke JHK. 194).

Wenn der Vorbehaltkäufer die Sache einem Dritten, der den EV. kennt, der Form nach übereignet, der Vertragswille jedoch nur darauf gerichtet ist, das Eigentumanfallrecht zu übertragen, also dem Dritten das Recht einzuräumen, an Stelle des Vorbehaltkäufers das Eigentum zu erwerben, so liegt keine Zueignung vor (JW. 1931, 550, Hamm; 1931, 1630 Hamburg).

Auch in der Verarbeitung (§ 950 BGB.) zu einer neuen Sache liegt eine Aneignung. (S. unten S. 28).

Lehnt der Käufer das berechtigte Verlangen des Verkäufers, die Sache herauszugeben, ab, so liegt darin nicht ohne weiteres eine Aneignung (Jacusiel 78).

Rechtswidrig muß die Aneignung sein. Das ist nicht der Fall, wenn dem Käufer die Veräußerung oder Verarbeitung ausdrücklich oder stillschweigend gestattet ist[3]) (s. unten S. 19 f.). Wenn aber die Veräußerung nur im regelmäßigen Geschäftsverkehr erlaubt ist, ist eine aus diesem Rahmen fallende Veräußerung objektiv rechtswidrig.

Bewußt rechtswidrig ist die Zueignung, wenn der Käufer nachweislich den EV. kennt und weiß, daß er mit Rücksicht auf den EV. nach Zivilrecht zu der Zueignung nicht befugt ist. Grobe Fahrlässigkeit steht der Kenntnis nicht gleich, ein zivilrechtlicher Irrtum kommt dem Täter zustatten (JW. 1928, 409 RG.).

b) Untreue (§ 266 RStGB.). Beauftragt der Eigentümer einen anderen, die Sache im Namen und für Rechnung des Eigentümers zu veräußern oder beauftragt er ihn, im Namen des Beauftragten, aber für Rechnung des Auftraggebers[4]) zu verkaufen, so bleibt dem Eigentümer selbstverständlich das Eigentum bis zur Veräußerung gewahrt, aber ein EV. im Sinn des § 455 BGB. liegt selbst dann nicht vor,

---

[1]) RGStr. 62, 15; Peschke, JHK. 196; vgl. aber auch JW. 1929, 2729 RG.

[2]) Aber auch in diesem Fall kann Beihilfe, möglicherweise auch Mittäterschaft in Frage kommen, wenn der Zweitverkäufer damit rechnet, daß sein Käufer die Sache dem vorbehaltenen Eigentum entziehen wird.

[3]) Vgl. Peschke, JHK. 200.

[4]) Wer für eigene Rechnung verkaufen soll, ist kein Bevollmächtigter (vgl. RGStr. 63, 334).

wenn sich der Eigentümer das Eigentum überflüssigerweise ausdrücklich vorbehalten hat. Im ersten Fall und, sofern der Beauftragte kein Kaufmann ist, auch im zweiten Fall kommt neben der begangenen Unterschlagung (§ 246 RStGB.) auch Untreue (§ 266 RStGB.) in Betracht. Unterschlagung der Sache liegt neben der Untreue vor, wenn der Täter bei der Weiterveräußerung gar nicht den Willen hat, den Erlös für den Eigentümer zu erwerben. Hat er diesen Willen und verwendet er den Erlös für sich, so kann neben der Untreue Unterschlagung des Erlöses begangen sein (s. unten S. 25).

Ist im zweiten Fall der Beauftragte Kaufmann, so hat man es mit einem handelsrechtlichen Kommissionsgeschäft zu tun (§§ 383, 406 HGB.). Auch in diesem Fall verliert der Kommittent das Eigentum erst mit der Übertragung des Eigentums durch den Kommissionär auf den Dritten (vgl. Staub-Pinner Anm. 35b zu § 383 HGB.). Bei einer rechtswidrigen Aneignung ist § 95 Z. 2 Börsengesetz, nicht aber § 266 RStGB. anzuwenden. Tateinheit zwischen Kommissionär-Untreue- und Unterschlagung ist möglich (Stenglein Strafr. Nebenges. Anm. 15 zu § 95 Börsengesetzes).

IV. Die durch den EV. gesicherte Forderung.

Nach § 455 BGB. ist im Zweifel anzunehmen, daß der Eigentumübergang an der Sache bis zur vollständigen Zahlung des für diese Sache geschuldeten Kaufpreises aufgeschoben ist. Zum Kaufpreis gehören die Nebenforderungen (Verpackung, Fracht, Zinsen, Kosten; vgl. auch § 367 BGB.).

Die Vereinbarung, daß das Eigentum erst dann auf den Käufer übergehen soll, wenn er dem Verkäufer auch aus einem anderen Rechtsgrund nichts schuldig ist, ist (auch bei Abzahlungsgeschäften) zulässig und dinglich wirksam (vgl. Recht 1909 Nr. 2376 RG.; OLG. 33, 271 KG.; Gruchot 53, 954; BayZ. 1906, 66 Zweibrücken); sie muß aber spätestens bei Annahme des Kaufpreisrestes für die Vorbehaltsache getroffen werden (vgl. hierüber unten S. 18). In einer solchen Vereinbarung kann unter Umständen eine bes. drückende Bestimmung gefunden werden, die im Zusammenhalt mit anderen drückenden Bedingungen für die Frage des § 138 BGB. (s. unten S. 14) ins Gewicht fallen kann. Wird aber ein Kraftwagen unter EV. verkauft, so ist es durchaus angemessen, wenn der Verkäufer, der eine Reparaturwerkstätte und Garage betreibt, den EV. auf die Kosten der Instandsetzungsarbeiten und Betriebsstoffe für diesen Wagen erstreckt.

V. Die Gefahr der Sache geht mit ihrer Übergabe (Versendung) auf den Vorbehaltkäufer über (§§ 446, 447 BGB., RG. 85, 320; 93, 330), dem ja auch die Nutzungen und die Lasten der Sache von der Übergabe an zufallen (Rühl 202; Lechner 8). Andererseits stehen ihm die Ansprüche wegen sachlicher Mängel der Kaufsache (§§ 459ff. BGB.) zu, die zur Zeit der Übergabe vorhanden sind (Staub-Pinner Bem. 67

Anh. § 382 HGB.). Über die Haftung des Verkäufers wegen Mangels im Recht s. unten S. 53.

Wird der Eigentumübergang auf den Käufer unmöglich, so sind die §§ 323ff. BGB. anzuwenden (vgl. RG. 66, 348).[1]) Weil aber der Käufer die Gefahr trägt, behält der Verkäufer bei zufälligem Untergang der Sache den Anspruch auf den vollen Kaufpreis.

Hat ein Dritter die Sache schuldhaft vernichtet oder beschädigt, so steht der Schadenersatzanspruch (§ 823 BGB.) dem Vorbehaltverkäufer insoweit zu, als er auf Ersatz des Wertes der Sache geht; denn der Vorbehaltverkäufer ist der Eigentümer. Hieran ändert der Umstand nichts, daß der Käufer die Gefahr der Sache trägt. Doch teilt dieser Schadenersatzanspruch das rechtliche Schicksal des Eigentumanfallrechts (Rühl 98; Jacusiel 59; vgl. SA. 62 Nr. 35, Jena). Der Schadenersatzanspruch geht also mit restloser Zahlung des Kaufpreises ohne Zession in das Vermögen des Käufers über. Der Verkäufer ist verpflichtet, dem Käufer eine Abtretungsurkunde auszustellen. Hat er Zahlung vom Ersatzpflichtigen erhalten, so ist er zur Herausgabe an den Käufer verpflichtet. Der Käufer kann die Tilgung des Kaufpreises durch Aufrechnung mit dem Herausgabeanspruch herbeiführen.

Aber auch dem Vorbehaltkäufer selbst steht wegen Beeinträchtigung seines Besitzes ein selbständiger Schadenersatzanspruch gegen den ersatzpflichtigen Dritten zu, da auch der Besitz ein durch § 823 Abs. 1 BGB. geschütztes Recht ist. Soweit dieser Schaden dem Käufer vor dem Rücktritt des Vorbehaltverkäufers erwachsen ist, verbleibt er ihm auch nach dem Rücktritt.

VI. Versicherungsrecht. Der Verkäufer, der ja Eigentümer bleibt, hat noch nach der Übergabe der Sache ein versicherungsfähiges Interesse (Rühl 203). Da der Käufer die Gefahr der Sache trägt, hat er von der Übergabe an ebenfalls ein versicherungsfähiges Interesse (RG. 74, 126). Das kann zu einer Doppelversicherung führen (s. hierüber §§ 55, 59, 60 VersVertrGes.). Eine Versicherungspflicht (Feuer, Einbruch) des Käufers kann aus seiner Sorgfaltspflicht nicht ohne weiteres abgeleitet werden (vgl. Stulz 49 und dagegen JW. 1931, 1179). Das gilt namentlich bei zur Verarbeitung übergebenen Waren (SA. 63 Nr. 58, Marienwerder). Bei Handelsgeschäften ist auf die im Handelsverkehr geltenden Gewohnheiten und Gebräuche Rücksicht zu nehmen (§ 346 HGB.). Ist das Rechtsverhältnis durch einen ins einzelne gehenden Vertrag geregelt, so sind dessen Bestimmungen als erschöpfend anzusehen.

Ist die Sache beim Verkäufer in einer noch laufenden Versicherung, so geht das Versicherungsverhältnis nicht ohne weiteres auf den Käufer

---

[1]) Die Gefahr des Eigentumverlustes, z. B. durch Beschlagnahme von hoher Hand oder durch ein Veräußerungsverbot, verbleibt dem Verkäufer. (Staub-Könige, Anm. 67 zu § 382 HGB.)

über, da § 69 des VersVertrGes. hierauf nicht anzuwenden ist (RG. 114, 316; vgl. RG. 117, 271).

Über den Fall, daß der Versicherungsnehmer dem Versicherer im Fragebogen sein Eigentum an einem Kraftwagen, den er dem Käufer unter EV. übergeben hatte, bejaht hat, s. JW. 1931, 3225.

Wenn die Kaufsache beim Vorbehaltkäufer durch Zufall untergegangen ist oder verschlechtert wurde, dann hat der Käufer den Schaden zu tragen.

War nur der Verkäufer oder der Verkäufer und der Käufer für Verlust oder Beschädigung der Sache versichert, so fragt sich, ob der Käufer vom Verkäufer Herauszahlung der Versicherungssumme oder Abtretung des Versicherungsanspruchs verlangen kann. Der Anspruch auf die Versicherungssumme wird nicht durch den Unfall, der die Beschädigung der Sache herbeigeführt hat, begründet, sondern er wird erworben durch den Abschluß des Versicherungsvertrags und die Zahlung der Prämien. Er wurzelt also in selbständigen Entstehungsursachen. Seine Verknüpfung mit dem schadenbringenden Ereignis ändert hieran nichts. Der Sachschaden ist nur die Bedingung, von welcher der Anspruch auf die Versicherungssumme abhängt, nicht der Grund des Versicherungsschutzes (vgl. Hagen im Handb. des ges. Handelsrechts Bd. 8 Abt. 1 S. 648; s. dagegen Oertmann Bem. 1b zu § 281).

Nur dann übt das Versicherungsverhältnis des Verkäufers auf den schuldrechtlichen Anspruch des Käufers (Verschaffung des Eigentums) einen Einfluß aus, wenn durch das Versicherungsverhältnis eine wirkliche und endgültige Bereicherung des Vorbehaltverkäufers herbeigeführt wird. In diesem Fall muß er in Gemäßheit des § 281 BGB. die Bereicherung durch die Versicherungssumme dem Käufer herausgeben (vgl. Planck Bem. 2 zu § 281; RG. 89, 38; Staudinger Bem. I 2 zu § 281); dieser Anspruch teilt das rechtliche Schicksal des Eigentumanfallrechts; das Empfangene ist also herauszugeben oder der Versicherungsanspruch ist abzutreten, sobald der Kaufpreis restlos bezahlt ist (s. unten S. 18). Der Vorbehaltkäufer kann die Tilgung des Kaufpreises auch durch Aufrechnung mit dem Herausgabeanspruch tilgen.

Es handelt sich hier nicht um eine Vorteilsausgleichung (im Sinn von RG. 64, 353; 68, 46; 70, 101), an deren Voraussetzungen die erforderliche Identität der rechtserzeugenden Tatsachen fehlt; denn der Sachschaden löst nur die Bedingung für den Anspruch auf die Versicherungssumme aus, bildet hiefür aber im Rechtssinn nicht den Entstehungsgrund; auch gewinnt der Vorbehaltverkäufer die Versicherungssumme nicht unentgeltlich, sondern hat sie sich durch Gegenleistungen (Prämien) erkauft (vgl. RG. 64, 353).

Die Frage, ob der Vorbehaltverkäufer durch die Versicherungssumme bereichert ist, muß nach anderen Gesichtspunkten beurteilt werden. Seine Verpflichtung geht auf Verschaffung des Eigentums an der Sache. Ist die Sache untergegangen, so fällt diese Verpflichtung weg. Gleichwohl muß der Käufer, da er die Gefahr der Sache trägt, den vollen Kaufpreis bezahlen. Hat der Verkäufer für den Sachschaden eine Versicherungssumme erhalten, so wäre es ein durchaus unbilliges Ergebnis, wenn dem Käufer die Versicherungssumme nicht zugute kommen würde. Der § 281 BGB. schließt dieses unbillige Ergebnis aus, soweit die Versicherungssumme zu einer Bereicherung des Vorbehaltverkäufers führt. Somit hat der Vorbehaltkäufer Anspruch auf die Versicherungssumme, abzüglich des Betrags, der auf Prämien entfällt, die der Vorbehaltverkäufer für die Zeit nach Übergabe der Sache dem Versicherer bezahlt hat.

Die gleichen Grundsätze sind anzuwenden für die Frage, ob und inwieweit der Vorbehaltverkäufer, der vom Vertrag zurückgetreten ist, Anspruch auf eine dem Käufer für Sachschaden zustehende oder ausbezahlte Versicherungssumme erheben kann (§ 347 mit § 281 BGB.).

VII. Im Steuerrecht kommt es vielfach nicht auf den rechtlichen Begriff des Eigentums, sondern auf den wirtschaftlichen Eigentumbegriff an. Das gilt vor allem für das Betriebsvermögen. Deshalb ist die Sache, an welcher sich der Verkäufer das E. vorbehalten hat, für diesen nicht bilanzfähig, sie gehört dagegen in die Bilanz des Käufers als Bestandteil seines Betriebsvermögens ohne Berücksichtigung des EV., dem durch Einsetzung der Kaufpreisschuld in den Passiven Rechnung getragen wird. Der EV. wird also seiner wirtschaftlichen Zweckbestimmung entsprechend wie ein Pfandrecht behandelt. Das gilt für die Einkommen- und Vermögensteuer (Scholz, JHK. 209 ff.). Die Lieferung einer Sache unter EV. ist umsatzsteuerpflichtig (Scholz a. a. O.). § 3 des Kraftfahrzeugsteuerges. vom 21. Dezember 1927 (RGBl. 509) bezeichnet als Steuerschuldner den „Eigenbesitzer" des Kraftfahrzeugs und nur in Sonderfällen den Benützer; erst wenn das Fahrzeug polizeilich zugelassen ist, wird Steuerschuldner derjenige, für den das Fahrzeug zugelassen ist. RFH. 19, 95 hat den Begriff „Eigenbesitzer" des § 3 KraftfSteuerges. als gleichbedeutend mit dem bürgerlichrechtlichen Begriff des „Eigenbesitzers" (§ 872 BGB.) aufgefaßt. Der Vorbehaltverkäufer ist Eigenbesitzer (§ 872 BGB.; RG. 74, 126; 95, 105).

Über Gewerbesteuer s. unten S. 41.

VIII. Internationales Privatrecht.

In erster Linie kommt es darauf an, welchem Recht sich die Vertragsteile ausdrücklich oder stillschweigend unterworfen haben. Wird ohne eine solche Vereinbarung aus Deutschland ins Ausland geliefert, so kommt es für die Wirkung des EV. auf das Recht des Ortes an, wo sich die Sache befindet, also nach der Ablieferung auf das ausländische Recht (Giesecke, JHK. 119 ff.). Über die ausländischen Rechte vgl. Giesecke a. a. O., ferner Rühl und Stulz; endlich Neuner und Stulz, rechtsvergl. Handwörterb. 2 S. 796 f.

§ 3.
Begründung und Übertragung des Eigentumvorbehalts.

I. Begründung.

Der EV. wird regelmäßig durch Vertrag bedungen, für den keine Form vorgeschrieben ist. Er kann aber auch einseitig dinglich wirksam erklärt werden. Denn zur Übertragung des Eigentums ist die Einigung beider Vertragsteile erforderlich (§ 929 BGB.). Wenn aber der Verkäufer vorleistungspflichtig ist, kann der Käufer Verschaffung des Eigentums verlangen (JW. 1931, 550). Das Eigentum muß ernstlich vorbehalten werden (s. unten S. 20).

Der Vorbehalt des Eigentums muß dem Käufer vor oder bei der Übergabe erklärt werden. Eine nachträgliche Vereinbarung des EV. hat nur obligatorische, keine dingliche Wirkung[1]) (vgl. SA. 67 Nr. 108 Dresden).

Ein, wenn auch deutlicher Hinweis auf den EV. in der Faktura ist nicht genügend (HRR. 1931 Nr. 279, Stuttgart; BayZ. 1930, 98 LG. Fürth; JW. 1930, 2238 und 3493 Karlsruhe; Schütz, JHK. 98; Liebstädter, JHK. 230; vgl. aber JW. 1932, 1906). Zum allermindesten müßte bewiesen werden, daß der Käufer von dem Vorbehalt auf der Faktura vor Ablieferung der Sache Kenntnis erhalten hat. Bei einer längeren Geschäftsverbindung mit fortwährendem Fakturenvermerk des EV. kann die Kenntnis des Käufers unterstellt werden. Joel, BankA. 1929, 309; Schalfejew, JHK. 98 sprechen dem Vermerk des EV., weil er nicht in die Faktura gehört, überhaupt die Bedeutung einer rechtserheblichen Erklärung ab.

Was von der Faktura gilt, gilt auch für die Kommissionskopie (Liebstädter, JHK. 231) im Gegensatz zum unterschriebenen Bestellschein.

Die Aufnahme des Vorbehalts im Bestätigungsschreiben ist dinglich wirksam, auch wenn der Käufer dem Vorbehalt sofort widerspricht.

Der EV. in gedruckten Lieferungsbedingungen ist an sich auch dann wirksam, wenn sie der Käufer nicht gelesen hat (BankA. 1928, 185 RG.; HRR. 1932 Nr. 90 Stuttgart; Schütz, JHK. 100)[2]). Dabei weist aber das RG. a. a. O. darauf hin, daß unter Umständen ein Verstoß gegen Treu und Glauben vorliegen kann, wenn der Verkäufer den Käufer nicht auf einen, außerhalb des üblichen Geschäftsverkehrs liegenden EV. aufmerksam macht. Von diesem Hinweis sollte nicht nur beim EV. mehr Gebrauch gemacht werden. Denn es wird vielfach darauf gesündigt, daß umfangreiche Drucksachen nicht gelesen werden. So gelingt es, zum Nachteil des Vertragsgegners die abding-

[1]) Sie kann aber dingliche Wirkung als Sicherungsübereignung durch Verabredung eines konkreten Besitzmittlungsverhältnisses (§ 930 BGB.) erlangen.

[2]) Der Irrtum kann nur dann beachtlich sein, wenn sich der Unterzeichner der Urkunde eine ganz bestimmte unrichtige Vorstellung von ihrem Inhalt gemacht hat. War aber der EV. nach Form oder räumlicher Unterbringung so versteckt, daß auf Verheimlichungsabsicht zu schließen ist, so greift die exceptio doli durch (vgl. Jacusiel 9).

baren Gesetzesvorschriften auszuschalten, ihm alle Pflichten aufzubürden und alle Rechte teils zu entziehen, teils zu verkümmern (vgl. Schwister, JW. 1931, 1162; Rühl, JW. 1931, 1179 Anm.). Wenn die Gerichte gegen solche Mißbräuche nicht einschreiten, kommen sie schließlich dazu, ein von den Verbänden völlig ausgehöhltes Gesetz anzuwenden. Die Einsicht muß durchdringen, daß mit überspitzten Vertragsinstrumenten das Recht so wenig gemeistert werden kann, als man mit Rasiermessern Spreißel machen kann. Der Richter soll die „Allgemeinen Geschäftsbedingungen" einer kritischen, freilich besonnenen Prüfung unterziehen, ob sie nicht im Ganzen oder doch in einzelnen Teilen (§ 139 BGB.) gegen die guten Sitten verstoßen (§ 138 BGB.; vgl. RG. 128, 251 = JW. 1929, 1380, streng, und JW. 1931, 1178, RG. milder). In Betracht kommen u. a. versteckte oder anscheinend harmlos gefaßte Fußangeln; außergewöhnlich hohe Zinssätze; die Höhe der monatlichen Abzahlungen; das Recht zur sofortigen Rücknahme der Sache unter Aufrechterhaltung des Vertrags bei Verzug trotz Unentbehrlichkeit der Sache für den Käufer; Recht des Verkäufers, die zurückgeholte Sache ohne vorherige Verständigung des Käufers zu versteigern oder freihändig zu verkaufen; der Ausschluß des Rechts zur Aufrechnung und Zurückhaltung; Erstreckung des EV. auf die Sicherung aller zukünftigen Forderungen; Ausschluß oder ungebührliche Einschränkung der Gewährschaft; drückende Versicherungsverpflichtungen; Ausschließung des ordentlichen Rechtswegs durch einseitig eingestellte Verbandsschiedsgerichte; natürlich auch die dem Verkäufer bekannte ungünstige Wirtschaftslage des Käufers.

Wie jede Willenserklärung, so kann an sich der EV. auch stillschweigend begründet werden[1]). Sieht man von dem Fall einer schon lang bestehenden Geschäftsverbindung ab, so läßt sich mit diesem theoretischen Satz in der Praxis nichts anfangen.

Ein Handelsbrauch, wonach der EV. als vereinbart gilt, besteht für keine Gattung des Warenumsatzes[2]), auch nicht für den Handel mit Kraftwagen (Meyerstein, JHK. 8 und 271; Schütz, ebenda 80; a. M. Jacusiel 10).

II. Übertragung des vorbehaltenen Eigentums.

Der Verkäufer kann das Eigentum auch ohne die Kaufpreisforderung übertragen (Rühl 266). Mit der Abtretung der Kaufpreisforderung[3]) geht das vorbehaltene Eigentum an der Sache nicht ohne

[1]) Meyerstein, JHK. 270 erklärt für das Sachenrecht eine stillschweigende Vereinbarung des EV. als ungenügend.

[2]) Das hindert nicht, in Fällen, in welchen das Eigentum unzweideutig vorbehalten ist, den sich hieraus ergebenden Vertragswillen unter Heranziehung von Handelsgebräuchen und Verkehrssitten zu ermitteln (Meyerstein, JHK. 272).

[3]) Der Vorbehaltverkäufer kann nach der Abtretung der Kaufpreisforderung gleichwohl im Rahmen des Sicherungszwecks von dem ihm verbliebenen Eigentum Gebrauch machen (Jacusiel 53).

weiteres als Nebenrecht auf den Erwerber der Forderung über (vgl. RG. 89, 193; JDR. 1928, 86 LG. Halberstadt; a. M. dagegen auf Grund der Analogie aus § 401 BGB.: Schlotter, LZ. 1911 Sp. 49; Rühl 82 ff.; Stulz, JW. 1931, 3184). Im Zweifel ist aber der Verkäufer obligatorisch verpflichtet, dem Zessionar das Eigentum zu übertragen[1]). Dagegen ist im Zweifel der Verkäufer, der den für die Kaufpreisforderung gegebenen Wechsel indossiert hat, nicht verpflichtet, dem Indossatar das Eigentum an der Sache zu übertragen (Jacusiel 54; Stulz, JW. 1931, 3184 gegen Alexander, JW. 1931, 3059, der sicher zu weit geht).

Die Übertragung des Eigentums hat in der Form der §§ 929 ff. zu erfolgen, also regelmäßig durch Abtretung des bedingten Herausgabeanspruchs (§ 931 BGB.).

§ 4.

Besitzrecht und Obhutpflicht des Käufers.

I. Besitzrecht.

1. Unmittelbarer Besitz und Benützungsrecht des Käufers. Der Käufer ist während des Schwebens der Bedingung zum Besitz und zur ordnungsgemäßen Benützung, unter Umständen sogar zum Verbrauch und zur Weiterveräußerung (s. unten S. 19 f.) der Kaufsache bis zum zulässigen Rücktritt (§ 455 BGB.) oder Übergang des Verkäufers zum Schadenersatzanspruch wegen Nichterfüllung (§ 326 BGB.) berechtigt und nachher hat er unter Umständen ein Zurückbehaltungsrecht (§ 273 BGB., §§ 369, 370 HGB.; vgl. unten S. 56).

Der Verkäufer ist verpflichtet, den Käufer im Besitz der Sache zu erhalten. Wird die Sache beim Käufer gepfändet, so ist der Verkäufer dem Käufer gegenüber verpflichtet zu intervenieren (Lechner 30); er kann dies jedoch davon abhängig machen, daß ihm der Käufer Sicherheit für die Prozeßkosten leistet.

Der Käufer ist unmittelbarer Besitzer (§ 868 BGB.; RG. 54, 397; Recht 1908 Nr. 3421) aber nicht Eigenbesitzer, sondern Verwalter und Verwahrer (RG. 74, 126; 95, 105).

Setzt der Verkäufer, der mittelbarer Besitzer ist, den Käufer eigenmächtig, also gegen dessen Willen, aus dem Besitz der Kaufsache, so hat dieser den Besitzschutz (§§ 858 ff. BGB.) selbst dann, wenn dem Verkäufer vertragsmäßig das Recht eingeräumt ist, sich eigenmächtig in den Besitz der Sache zu setzen (Jacusiel 50). Er kann aber auch, wenn der Verkäufer trotz der Besitzentziehung auf Erfüllung des Vertrages bestehen bleibt (s. unten Ziff. 2) ohne weiteres wegen positiver, den Vertragszweck erheblich gefährdender Vertragsverletzung (vgl. RG. 106, 22) vom Vertrag zurücktreten.

---

[1]) Im Konkurs des Verkäufers kann der Zessionar Absonderung der Kaufpreisforderung, nicht aber Aussonderung des noch nicht übertragenen Eigentums verlangen (Jacusiel 54).

2. Herausgabeanspruch des Verkäufers. Ein Selbsthilferecht auf Herausgabe hat der Verkäufer unter keinen Umständen (verbotene Eigenmacht).

Die Frage, ob der Verkäufer bei Verzug des Käufers berechtigt ist, die Herausgabe der Sache zu verlangen, ohne vom Vertrag zurückzutreten, ist für die vom Abzahlungsgesetz erfaßten Fälle (s. oben § 1) unter allen Umständen schlankweg zu verneinen (s. unten § 12 S. 68). In den übrigen Fällen ist der Herausgabeanspruch wegen Verzugs des Käufers jedenfalls dann gegeben, wenn er vertraglich eingeräumt ist[1]). Die Frage, ob der Herausgabeanspruch auch ohne eine solche Vereinbarung besteht, ist bestritten; sie wurde von der bisher herrschenden Meinung bejaht (RGR. Bem. 5 und Staudinger Bem. II, 4 zu § 455; RG. 67, 383; Staub-Pinner Anm. 64 Anh. zu § 382; Rühl 256; Jacusiel 46; Lechner 29). Dagegen hat RG. 119, 65 (zustimmend Stulz, JW. 1930, 2771) ohne Begründung ausgesprochen, daß die Geltendmachung des EV. ohne weiteres den Rücktritt vom Vertrag bedeute[2]), so daß hierdurch der Anspruch auf den Kaufpreis ausgeschlossen sei.

In Wahrheit liegt die Sache folgendermaßen: Der Verkäufer hat sich das Eigentum vorbehalten, um seine Forderung durch die Sache zu sichern. Die Sicherheit mindert sich mit der durch Benützung herbeigeführten Wertminderung der Sache. Dieses Ergebnis kann der Verkäufer beim Vertragsschluß auf sich nehmen, weil ja der Kaufpreis termingemäß mit fortschreitender Abnützung zu zahlen ist. Von der Einhaltung dieser Termine geht der Vertragswille aus und folgerichtig (§ 157 BGB.) geht er dahin, daß der Käufer die vorausgesetzte Wertminderung nicht überschreiten darf (§ 286 BGB.), also die Sache nicht mehr weiterbenützen darf (§ 1004 BGB.), wenn er in Verzug kommt. Es geht zu weit, darüber hinaus ohne Vereinbarung als Vertragswillen zu unterstellen, daß der Verkäufer, der nach wie vor Erfüllung des Vertrags verlangt, im Falle des Verzugs des Käufers berechtigt sein soll, die Sache wieder an sich zu nehmen. Dem Interesse des Verkäufers, der beim Vertrag stehen bleiben will, ist ausreichend Rechnung getragen, wenn der Käufer nach Zahlungsverzug die Sache nicht weiter benützen darf. Der Verkäufer kann notfalls eine einstweilige Verfügung erwirken (§ 935 ZPO., § 1004 BGB.), durch welche dem Käufer die weitere Benützung verboten, ja sogar die Herausgabe an einen Sequester angeordnet werden kann (§ 938 Abs. 2 ZPO.).

Der Käufer kann daher den Anspruch[3]) auf Herausgabe mit seinem

---

[1]) Hat der Verkäufer die Sache wegen Zahlungsverzugs des Käufers zurückgenommen, so muß er sie an den Käufer wieder herausgeben, wenn dieser den rückständigen Betrag bezahlt hat (Rühl 105; RG. 67, 383), nicht erst, wie Jacusiel 49 annimmt, wenn der Käufer die volle durch den EV. gesicherte Forderung beglichen hat.

[2]) Liebstädter, JHK. 234 nimmt dies nur im Zweifel an.

[3]) Der Anspruch kann der dingliche aus dem Eigentum (§ 985 BGB.) oder der obligatorische aus dem Vertrag sein. Auch der Vorbehaltsverkäufer, der nicht selbst Eigentümer ist, kann den schuldrechtlichen Herausgabeanspruch erheben (OLG. 13, 78; 19, 210 Dresden).

vertraglichen Besitzrecht aus dem Feld schlagen (§ 986 BGB.; vgl. Stulz 52 f.). Die Klage des Verkäufers auf Herausgabe ist abzuweisen. (BayZ. 1932, 182 München[1]).

Es besteht in der Tat kein Bedürfnis, dem Verkäufer ein Recht auf Wiedereinräumung des unmittelbaren Besitzes zu gewähren; denn er kann die Erfüllung ablehnen (sei es, daß er ohne weiteres zurücktritt oder in Gemäßheit des § 326 BGB. Schadenersatz wegen Nichterfüllung verlangt), dann hat er den Anspruch auf Herausgabe der Sache (§ 985 BGB.). Solange er die Erfüllung verlangt, kann er die Rückgängigmachung seiner Erfüllungshandlung (der Besitzübertragung) nicht verlangen (vgl. Staudinger Bem. II, 2 a und andererseits Bem. II, 4 zu § 455), deshalb ist auch in den vom Abzahlungsgesetz nicht erfaßten Fällen das vom Verkäufer an den Käufer gerichtete Verlangen, die Sache herauszugeben, als Rücktritt vom Vertrag aufzufassen, wenn nicht aus weiteren Erklärungen des Verkäufers oder den Umständen (Inhalt des Vertrags) ein gegenteiliger Wille gegenüber dem Käufer unzweideutig zum Ausdruck gebracht ist[2]). Mit dieser Einschränkung ist RG. 119, 68 beizupflichten.

Die Verbindung der Klage auf Zahlung des Kaufpreises und Herausgabe der Sache ist daher, falls nicht die beiden Ansprüche nebeneinander durch Vereinbarung eingeräumt sind, unzulässig. Werden gleichwohl die beiden Ansprüche kumulativ verbunden geltend gemacht, so ist der Anspruch auf Zahlung zuzusprechen, der Anspruch auf Herausgabe abzuweisen. (A. M. Rühl 257; Jacusiel 74.)

Auch eine alternative Klage auf Zahlung oder Herausgabe ist unstatthaft. Das Gesetz (§ 455, § 326 BGB.) berechtigt den Verkäufer nur, entweder anstatt der Erfüllung vom Vertrag zurückzutreten oder Schadenersatz wegen Nichterfüllung zu verlangen. Eine Wahlobligation auf Erfüllung oder Ablehnung der Erfüllung liegt weder auf Seite des Gläubigers noch auf Seite des Schuldners vor. Der Käufer hat nicht das Recht zwischen Zahlung des Kaufpreises und Herausgabe der Sache zu wählen, folglich kann auch nicht durch Urteil ein Zwang zur Ausübung der Wahl ausgesprochen werden (Hörle, Gruchot 55, 212).

In gleichem ist ein Klageantrag auf Zahlung des Kaufpreises und Herausgabe im Fall fruchtloser Zwangsvollstreckung unstatthaft; denn der Anspruch auf Herausgabe setzt vorherigen Rücktritt oder Übergang zum Schadenersatz wegen Nichterfüllung voraus. Die hierauf gerichtete Erklärung des Verkäufers kann nicht unter einer Bedingung, auch nicht eventuell abgegeben werden, andernfalls ist sie wirkungslos (a. M. Langenbach, BerlAnwBl. 1930, 238). In allen diesen Fällen ist lediglich der Anspruch auf Zahlung zuzusprechen,

---

[1]) Dagegen steht dem Verkäufer der Herausgabeanspruch trotz Aufrechterhaltung des Vertrages zu, wenn ihm dieser Anspruch durch besondere Vertragsabrede eingeräumt ist. Bei Abzahlungsgeschäften ist eine solche Vereinbarung nichtig (s. hierüber unten S. 68).

[2]) Dann braucht aber der Käufer die Sache nicht herauszugeben.

im übrigen aber die Klage abzuweisen (Hörle, Gruchot 55, 213 und dortige Nachweise; vgl. Staudinger Bem. III zu § 346).

II. Obhutspflicht des Käufers.

Weil der Käufer Verwahrer und Verwalter der EV.-Sache ist (RG. 74, 126; 95, 105), ist er dem Eigentümer gegenüber verpflichtet (§§ 276, 278 BGB.), die Sache sorgfältig zu verwahren, zu erhalten und vor Schaden zu behüten, also unter besonderen Umständen auch zu versichern (s. hierüber oben S. 10). Wird die Sache von einem Dritten gepfändet, so muß er das Eigentum des Verkäufers, soweit es in seinen Kräften steht, schützen und vor allem den Verkäufer von der Pfändung sofort benachrichtigen.

Zu der Obhutspflicht gehört auch die für die Erhaltung der Sache notwendige Benützung der Kaufsache, z. B. zeitweilige Ingangsetzung einer Maschine, Bewegen des Nutzpferdes (vgl. Meisner, Viehgewährschaft 3. Aufl., 140). Nur zu ordnungsgemäßer, d. i. dem Vertragszweck entsprechender Benutzung ist der Käufer berechtigt. Einen Mißbrauch des Benutzungsrechts kann der Verkäufer verbieten (s. oben S. 16).

III. Über die Befugnis des Vorbehaltkäufers zur Weiterveräußerung, Verbindung, Vermischung, Verarbeitung und zum Verbrauch s. unten S. 19 ff.

§ 5.
Der Wegfall des vorbehaltenen Eigentums.

I. Zahlung. Der EV. wird hinfällig durch restlose Zahlung der durch den EV. gesicherten Forderung in Haupt- und Nebensache (s. oben S. 9).

Der Zahlung steht gleich Annahme einer Leistung an Erfüllungs Statt (§ 364 BGB.) Hinterlegung (§ 378 BGB.), Aufrechnung (§ 389 BGB.).

Die Erfüllung kann im Zweifel schon vor der Fälligkeit erfolgen (§ 271 BGB.).

Wenn mehrere Sachen durch einen einheitlichen Vertrag unter EV. verkauft sind, dann geht im Zweifel das Eigentum an keiner dieser Sachen vor Zahlung des gesamten Preises für diese sämtlichen Waren verloren. Das gilt selbst dann, wenn der Preis für jede Sache ausgeschieden berechnet ist (vgl. Staub-Könige Anm. 72 Anh. § 382; OLG. 33, 271; Lechner 27; a. M. Recht 1903 Nr. 174 Stuttgart).

Mit der Zahlung wird der EV. ohne weiteres hinfällig. War jedoch schon vor Annahme der Restzahlung vereinbart, daß das Eigentum dem Käufer trotz Zahlung nicht ohne weiteres anfallen solle, sondern hiezu ein besonderer Übertragungsakt des Verkäufers erforderlich sei, so bleibt der EV. in sachenrechtlicher Kraft, bis diese Übertragung vorgenommen ist. Auch eine Vereinbarung, die vor Annahme der Restzahlung getroffen wird, wonach der EV. auch zur Sicherung weiterer Forderungen in Kraft bleiben soll, ist dinglich wirksam. Der EV. erlischt aber endgültig, wenn der Abnehmer seine sämtlichen hievon betroffenen Verbindlichkeiten, sei es auch nur vorübergehend, abdeckt (Schütz JHK. 88). Eine nach restloser Zahlung getroffene Vereinbarung, daß der EV. wieder aufleben soll, ist ohne dingliche Wirkung. Will eine solche erzielt werden, so müßte das Eigentum durch Sicherungsübereignung (§§ 929, 930 BGB.) an den Veräußerer rückübertragen werden.

Wechsel und Schecks gelten bis zum Beweis des Gegenteils nur zahlungshalber angenommen (Staub Anm. 25 zu Art. 83 WO.; Lessing Anh. II, 1 zu § 3 Scheckges.; JW. 1922, 409, Reichswirtschaftsgericht), also nicht an Zahlungs Statt.

Durch Anerkennung des Saldos einer laufenden Rechnung (Kontokurrent), in welcher die Kaufpreisforderung eingestellt ist, erlischt der EV. nicht ohne weiteres (Geiler JW. 1930, 2901 gegen Düsseldorf 15. 3. 1929; Staub-Könige Anm. 6 zu § 356; Stulz 17; Schalfejew JHK. 104; s. dagegen die formaljuristische Entsch. RG. 76, 330 vgl. RG. 136, 105). Die in die laufende Rechnung eingestellte Kaufpreisforderung kann für sich allein durch ausdrücklich hiefür bestimmte Zahlung mit der Wirkung getilgt werden, daß der EV. hinfällig wird (Geiler und Staub-Könige a. a. O.; Jacusiel 18).

Durch Annahmeverweigerung der angebotenen Restzahlung kann der Verkäufer den Wegfall seines EV. nicht aufhalten, denn er kann den Eintritt der Bedingung nicht vereiteln (§ 162 BGB.; Rühl 88; OLG. 26, 590 KG.; a. M. Jacusiel 17, da der Käufer den Eintritt der Bedingung durch Hinterlegung nach § 378 BGB. herbeiführen könne. Aber bis zur Hinterlegung hätte dann der Verkäufer den Eintritt der Bedingung doch vereitelt; inzwischen kann er in Konkurs geraten sein).

Über die Frage, ob auch ein Dritter durch Zahlung an Stelle des Käufers den EV. in Wegfall bringen kann, s. unten S. 34, 42.

II. Durch Verzicht, der nur der empfangsbedürftigen Kundgebung, nicht der Annahme durch den Käufer bedarf und sofort dinglich wirksam ist (RG. 66, 349). Der Verzicht kann auch stillschweigend erklärt werden, z. B. durch Duldung der Zwangsvollstreckung eines Gläubigers (Recht 1915 Nr. 302 Stuttgart). Dagegen liegt kein Verzicht auf den Vorbehalt in der Anmeldung der Kaufpreisforderung zum Konkurs des Käufers (Recht 1907 Nr. 1344) und nur unter ganz besonderen Umständen in der Pfändung der eigenen Sache durch den Vorbehaltsverkäufer (s. unten § 8 III S. 43).

III. Durch Weiterveräußerung und Übergabe an einen gutgläubigen Dritten.

1. Befugnis zur Weiterveräußerung.

Auch an Sachen, die zur Weiterveräußerung verkauft werden, kann ein EV. begründet werden (vgl. Cohn JW. 1930, 2759 und dortige Nachweise).

In Fällen, in welchen die Erlaubnis zur Weiterveräußerung erteilt ist, wird zu prüfen sein, ob der vereinbarte EV. ernstlich gemeint war (§ 117 BGB.). An dieser Ernstlichkeit zu zweifeln, wird regelmäßig kein Anlaß bestehen; denn der Vertragswille geht dahin, bis zur Weiterveräußerung oder bis zum Verbrauch dem Verkäufer in der Tat Sicherung durch die Sache zu gewähren (Schalfejew JHK. 101). Es geht zu weit, wenn Künne KonkTrW. 1930, 127 (vgl. Schütz JHK. 93) verlangt, daß der Wille, sich das Eigentum vorzubehalten, während der ganzen Geschäftsverbindung erkennbar sein müsse, z. B. durch getrennte Buchführung und Lagerung, durch Kontrollen, Bestandaufnahmen, Abrechnungen, steuerrechtliche und versicherungstechnische Berücksichtigung.

Die Befugnis zur Weiterveräußerung kann auch stillschweigend eingeräumt werden. Wer an einem Kaufmann Waren mit EV. verkauft, mit denen dieser Handel treibt, ist damit einverstanden, daß sie der Käufer weiterveräußert[1]) (Stulz 24; Schalfejew JHK. 101; vgl. JW. 1926, 2102 Celle; Merkel JW. 1931, 2088f.), wobei jedoch im Zweifel die Weiterveräußerung nur im Rahmen des regelmäßigen Geschäftsverkehrs erfolgen darf (vgl. HRR. 1931 Nr. 1838 Hamburg; JW. 1931, 84 Stuttgart; Merkel JW. 1931, 2088 f.; Schalfejew JHK. 101).

Nicht unter den regelmäßigen Geschäftsverkehr fällt der Verkauf des ganzen Geschäfts (Schalfejew JHK. 101f.), die Abstoßung von Waren seitens eines Kleinhändlers an andere Kleinhändler (vgl. JW. 1931, 84 Stuttgart), die Überlassung von Waren an Angestellte statt des Gehalts (Jacusiel 32 gegen JW. 1932, 201 Hamm), eine Verschleuderung von Waren in der Absicht den Konkurs hinauszuzögern (Schalfejew a. a. O. 102), die Lombardierung der Ware (HRR. 1931 Nr. 1838 Hamburg). Die im Geschäftsverkehr üblichen Saisonausverkäufe fallen unter den ordnungsgemäßen Geschäftsverkehr (Auerbach JHK. 67), ein Ausverkauf wegen Aufgabe des Geschäfts nicht (Schalfejew a. a. O. 102).

Ein Verkauf unter Preis fällt aus dem Rahmen des ordnungsgemäßen Geschäftsverkehrs nur dann, wenn objektiv dieser Verkauf nicht dem regulären Warenumsatz dienen soll oder m. a. W. wenn er vom Standpunkt eines soliden Kaufmanns unwirtschaftlich ist. Dieser Grundsatz ist entsprechend auf eine Veräußerung zu besonders ungünstigen Bedingungen anzuwenden. Beim Umsatz von Waren, die der Mode unterworfen sind, kann unter Umständen auch eine Verschleuderung der Ware wirtschaftlich zweckmäßig sein.

Mit der Eröffnung des Konkursverfahrens entfällt die Gestattung der Weiterveräußerung (Stulz 65; Schalfejew JHK. 103; vgl. dagegen RG. 115, 264, wo es sich allerdings um eine unbeschränkte Erlaubnis zur Weiterveräußerung gehandelt hat). Ist die Erlaubnis zur Weiter-

[1]) Daran wird auch dadurch nichts geändert, wenn im Vertrag steht, daß die Ware bis zur völligen Zahlung „unveräußerliches Eigentum" des Verkäufers bleibt, diese Abrede ist nicht ernstlich gemeint (vgl. JW. 1926, 2102 Celle; Jacusiel 31).

veräußerung auf den regelmäßigen Geschäftsverkehr beschränkt, so wird nach dem Vertragswillen (§§ 133, 157 BGB.) eine Weiterveräußerung nach der Zahlungseinstellung nur zulässig sein, wenn der auf die veräußerte Sache entfallende Fakturenbetrag für den Vorbehaltsverkäufer sichergestellt wird (vgl. Schalfejew JHK. 103; Jacusiel 33).

Läßt der Verkäufer den Käufer trotz Kenntnis der Zahlungseinstellung im Besitz der Sache, so kann hierin nicht ohne weiteres die Aufrechterhaltung der Befugnis zur Weiterveräußerung erblickt werden (a. M. Jacusiel 33). Zahlungsverzug des Käufers hebt seine Befugnis zur Weiterveräußerung nicht ohne weiteres auf, gewährt aber dem Verkäufer das Recht, die Weiterveräußerung zu untersagen.

Unzulässig ist die Weiterveräußerung, wenn hiebei die an die Erlaubnis geknüpfte Bedingung (z. B. Wahrung des Eigentums des Vorbehalts-Verkäufers) nicht eingehalten wird (JW. 1929, 1082 LG. II Berlin; vgl. JW. 1932, 165 RG.; Jacusiel 34).

2. Übergang des Eigentums an den gutgläubigen Erwerber.

Solange der Vorbehaltkäufer im unmittelbaren Besitz der Sache bleibt, wird der EV. durch eine unbefugte Weiterveräußerung der Sache nicht berührt[1]). Nur wenn die Übergabe der Sache (auch durch brevi manu traditio § 929 Abs. 2 BGB.) erfolgt und somit der Erwerber den unmittelbaren Besitz erlangt, soll der gutgläubige Erwerber keinen Schaden davon haben, daß er den bisherigen Besitzer für den Eigentümer hält (§ 932 mit § 929 BGB.). Erwirbt er die Sache von einem Kaufmann, der sie im Betrieb seines Handelsgewerbes veräußert, so schadet dem Erwerber auch die Kenntnis oder grobfahrlässige Unkenntnis des fremden Eigentums nicht, sofern er gutgläubig annimmt, der Veräußerer dürfe an Stelle des Eigentümers über die Sache verfügen (§ 366 Abs. 2 HGB.; vgl. JW. 1926, 800). Bei einem Erwerb, der nicht unter § 366 Abs. 2 HGB. fällt, schützt den Erwerber nur sein guter Glaube an das Eigentum des Veräußerers. War er über das Eigentum schlechtgläubig, so kann er sich nicht darauf berufen, daß er irriger- aber schuldloserweise an die Veräußerungsbefugnis geglaubt hat.

Stets ist der unmittelbare Besitz unerläßliche Voraussetzung für den Schutz des gutgläubigen Erwerbs. Deshalb kann eine Sicherungsübereignung[2]) dem EV. nur dann schaden, wenn die Sache dem Erwerber oder einem Treuhänder zu unmittelbarem Besitz übergeben wird (RG. 113, 57). Es kommt nur auf den guten Glauben des Erwerbers an. Der schlechte Glaube des Veräußerers ist belanglos. Der

[1]) Wenn der Vorbehaltverkäufer in die Weiterveräußerung von vornherein oder nachträglich (vgl. § 185 BGB.) eingewilligt hat, geht der EV. durch die Weiterveräußerung unter.

[2]) Über die Einbringung von Waren, die unter EV. geliefert wurden, in ein Warenlager des Käufers, das mit seinem wechselnden Bestand einem Dritten zur Sicherheit übereignet ist, vgl. RG. 113, 57; JW. 1928, 194; Rühl 116 f.

gute Glaube wird schon durch grobe Fahrlässigkeit ausgeschlossen (§ 932 Abs. 2 BGB.). Wer heutzutage unter der Hand Gegenstände, wie Kraftwagen, Schreibmaschinen, Sammelwerke, z. B. Konversationslexikon, Klavier, Grammophon, moderne Möbel kauft, muß unter Umständen damit rechnen, daß sie auf Abzahlung unter EV. gekauft und noch nicht bezahlt sind, so daß ihn der Vorwurf grober Fahrlässigkeit treffen kann, wenn er nicht beim Vorbesitzer des Feilbietenden einwandfrei feststellt, ob dieser Eigentum beansprucht (vgl. JW. 1929, 582 RG.). Wird ihm auf Befragen der Vorbesitzer nicht genannt, so wird ihm dies unter Umständen verdächtig erscheinen müssen. Auf die Versicherungen des derzeitigen Besitzers darf er sich in der Regel nur verlassen, wenn er ihn als vertrauenswürdig kennt. (Vgl. Recht 1911 Nr. 1142, RG.; 1913 Nr. 1463 RG.; JW. 1929, 959 LG. I Berlin; 1931, 2513 KG.)

Jedoch dürfen diese Grundsätze nicht wahllos verallgemeinert werden (vgl. Schütz JHK. 84ff.). Ihre Anwendung darf im Einzelfall, dessen besondere Umstände maßgebend sind, nicht dazu führen, daß dem Erwerber der Beweis seines guten Glaubens überbürdet wird, während ihm nach § 932 BGB. und § 366 HGB. grundsätzlich sein böser Glaube nachgewiesen werden muß. „Will man dem Erwerber eine Nachforschungspflicht auferlegen, so muß es sich um Tatbestände handeln, die prima facie so viel Verdachtsmomente enthalten, daß die Unterlassung näherer Nachprüfung als grobe Fahrlässigkeit zu werten ist" (Schalfejew JHK. 107; vgl. Schütz JHK. 84ff., der darauf hinweist, daß durch Überspannung der Erkundigungspflicht unerfüllbare Anforderungen gestellt würden).

Hat ein Mehlhändler A einem anderen Mehlhändler B Mehl, das er vom Großhändler unter dem üblichen EV. gekauft hatte, weiterverkauft, so ist B nicht in gutem Glauben; er weiß, daß Mehl im Großhandel stets unter EV. verkauft wird und nur im regelmäßigen Geschäftsverkehr weiter veräußert werden darf. B ist schadenersatzpflichtig (§ 826; vgl. JW. 1931, 84 Stuttgart).

Ist der Käufer der Sache trotz des EV. zur Weiterveräußerung befugt, so verliert der erste Verkäufer sein Eigentum durch die Weiterveräußerung an einen gutgläubigen Erwerber (§ 932 BGB,; § 366 HGB.) selbst dann, wenn sich hiebei der Weiterverkäufer das Eigentum vorbehalten hat. Anders wäre es natürlich, wenn er nicht für sich, sondern für den ersten Verkäufer das Eigentum vorbehalten hätte (HRR. 1930 Nr. 1916 Stuttgart).

3. Das rechtliche Schicksal der Kaufpreisforderung und des Erlöses aus der Weiterveräußerung.

a) Wenn der Vorbehaltkäufer im eigenen Namen die Sache weiter veräußert, so steht ihm die hieraus erwachsende Kaufpreisforderung und der hierauf eingehende Erlös zu[1]). Im Konkurs des Vorbehaltkäufers

[1]) War der Vorbehaltkäufer zur Weiterveräußerung im eigenen Namen nicht befugt, so kann Unterschlagung der Sache in Frage kommen.

hat aber der Vorbehaltverkäufer unter Umständen den Anspruch auf Ersatzaussonderung der noch ausstehenden Forderung aus der Weiterveräußerung (s. unten § 10 I 2 S. 50 u. 57). Im übrigen steht dem Vorbehaltverkäufer das Eigentum an den aus der Weiterveräußerung eingehenden Beträgen und die rückständige Kaufpreisforderung nicht zu.

Nur für das handelsrechtliche Kommissionsgeschäft (§§ 383, 406 HGB.) ist die Rechtslage besonders geregelt. Ein eigentliches Kommissionsgeschäft liegt aber regelmäßig nicht vor, wenn ein Kaufmann einem Einzelhändler Waren „in Kommission" gibt (s. oben S. 4). Für das eigentliche Kommissionsgeschäft bestimmt § 392 HGB., daß im Verhältnis zwischen dem Kommittenten und dem Kommissionär und seinen Gläubigern die Forderung des Kommissionärs aus dem vom Kommissionär abgeschlossenen Geschäft als Forderung des Kommittenten gilt.

b) Nach der Ansicht des Reichsgerichts kann aber auch bei Kaufgeschäften, die nicht unter § 392 HGB. fallen, im voraus dinglich wirksam vereinbart werden, daß die Kaufpreisforderung und der Erlös aus der Weiterveräußerung ohne weiteres dem Vorbehalt-Verkäufer gehören soll und der Erlös für diesen in Verwahrung (antizipiertes Besitzkonstitut, § 930 BGB.) genommen werden soll (vgl. RGSt. 62, 31). Nach dieser Auffassung handelt der Vorbehaltkäufer bei der Weiterveräußerung als verdeckter Stellvertreter des Vorbehaltverkäufers und wenn auch das Grundgeschäft (der Weiterverkauf) nur zwischen dem Weiterverkäufer und seinem Abnehmer schuldrechtliche Wirkungen erzeugt, so kommt es für den Eigentumerwerb auf das Innenverhältnis zwischen dem verdeckten Vertreter und dem Vertretenen an. Ist zwischen ihnen ein Verhältnis der in § 868 BGB. bestimmten Art vereinbart (hierzu ist ein Auftrags- oder Verwahrungsverhältnis zu rechnen) und hat der Stellvertreter zur Zeit der dinglichen Einigung den mit dem Willen des Vertretenen übereinstimmenden Willen, das Eigentum für diesen zu erwerben, so wird dieser mittels Besitzkonstitut Eigentümer und mittelbarer Eigenbesitzer, der verdeckte Stellvertreter wird unmittelbarer Fremdbesitzer (RG. 100, 190; 109, 167; vgl. Rühl 44).

Gegen die Anwendung des Grundsatzes, daß auf Grund einer im voraus getroffenen Vereinbarung die durch den Weiterverkauf erwachsende Forderung und der hieraus eingehende Erlös dem Vorbehaltverkäufer gehöre, bestehen erhebliche Bedenken (vgl. Schalfejew JHK. 115; Merkel JW. 1929, 2234; Peschke JHK. 202).

Mit Recht führt ein von Meyerstein JHK. 13ff. mitgeteiltes und gebilligtes Urteil des OLG. Stuttgart aus, es sei zu unterscheiden zwischen einem handelsrechtlichen Kommissionsgeschäft und einem gewöhnlichen Kauf mit EV. Die vertragliche Übernahme des für ein Kommissionsgeschäft angeordneten Rechtszustandes auf einen Fall, in dem in Wahrheit kein Kommissionsverhältnis vorliegt, könne jedenfalls kein Ersatzaussonderungsrecht im Konkurs begründen (vgl. Mentzel Bem. 2 zu § 43 KO.), da hiedurch der Schutz der Rechte der Gläubiger, der öffentlichrechtlicher Natur sei, eingeschränkt würde (Jaeger, KonkuTrW. 1930, 17; Schütz

JHK. 90; Jacusiel 82). Eine solche Abrede stehe überhaupt mit den Anforderungen eines geordneten Handelsverkehrs in Widerspruch, es werde hiedurch in Rechte dritter Gläubiger, die mit dem Vertrag nichts zu tun haben, empfindlich eingegriffen. Der Weiterverkäufer trete als selbständiger Kaufmann auf, der im eigenen Namen und für eigene Rechnung das Geschäft abschließe. Deshalb sei die hiemit in Widerspruch stehende Abrede auch außerhalb des Konkursverfahrens unwirksam.

Vorerst muß aber mit der herrschenden Meinung (vgl. RG. 92, 239; JW. 1910, 230 RG.; RGSt. 61, 342; 62, 31; 64, 86; 136, 100) gerechnet werden. Hiernach kann wirksam vereinbart werden, daß der dem Weiterverkäufer gegen seinen Abnehmer erwachsende Kaufpreisanspruch ohne weiteres seinem Lieferanten (Vorbehaltverkäufer) zustehen (antizipierte Abtretung)[1]) und daß die von jenem hieraus gemachten Einnahmen ohne weiteres Eigentum des Vorbehaltverkäufers werden sollen. Selbstverständlich ist § 407 BGB. anzuwenden. Eine solche Vereinbarung ist nicht sittenwidrig (RG. 136, 105).

Die abgetretene künftige Forderung muß aber ausreichend gekennzeichnet sein, widrigenfalls die Abtretung zum mindesten der dinglichen Wirksamkeit entbehrt (vgl. Schalfejew, JHK. 116; DJZ. 1914, 939, RG.; vgl. Jacusiel 83; RG. 92, 83; 136, 103, wo an dieses Erfordernis der Bestimmtheit der Forderungsbezeichnung sehr geringe Anforderungen gestellt werden; etwas strenger SA. 86 Nr. 76, RG.).

Auch muß die antizipierte Abtretung und Übereignung ernstlich sein. Die Ernstlichkeit ist nicht schon deshalb zu verneinen, weil der Zedent ermächtigt ist, die Forderung einzuziehen (sog. stille Abtretung; RG. 136, 102), sofern dem Zessionar das Recht vorbehalten bleibt, diese Ermächtigung unter gewissen Voraussetzungen (z. B. Zahlungsverzug) zu widerrufen (vgl. Schalfejew a. a. O. 116; Staudinger Bem. II 3 b zu § 398 BGB.; Türk, JW. 1911, 1003, SA. 86 Nr. 76, RG.) Solange dieser Widerruf nicht erfolgt ist, ist der Zedent berechtigt die Forderung einzuziehen und einzuklagen (RG. 133, 241). Hat der Kunde des Vorbehaltkäufers diesem einen Wechsel für die Kaufpreisschuld gegeben, so kann der Kunde, dem die vorher erfolgte Abtretung an den Vorbehaltverkäufer bekannt wird, Zahlung an den Vorbehaltverkäufer verweigern, bis der Wechsel an diesen giriert oder dem Kunden zurückgegeben ist (vgl. Jacusiel 89).

Aber an der Ernstlichkeit fehlt es fast ausnahmslos dann, wenn es sich um den Verkauf von Waren an einen Einzelkaufmann handelt, die dieser nach der Vertragsvoraussetzung in kleinen Posten an seine Kundschaft absetzen wird. Denn dann wissen beide Vertragsteile, daß sich das bedungene Verfahren der Aussonderung eines jeden vereinnahmten Einzelbetrags und die getrennte Verrechnung der einzelnen Außenstände in der Praxis normalerweise gar nicht durchführen läßt.

[1]) Unzweckmäßig ist Abtretung der Forderung gegen den Dritterwerber lediglich „bis zur Höhe des Restkaufpreises", weil darin eine gewisse Unbestimmtheit liegt (vgl. RG. 92, 239; RGStr. 63, 334; Jacusiel 85).

Sie wollen auch gar nicht, daß dies geschieht. Nur wenn es krumm geht, soll aus dieser gar nicht ernst gemeinten Abmachung der Vorbehaltverkäufer eine Sicherung erhalten. In der Tat wird die Abmachung auch fast niemals durchgeführt und dem Lieferanten kann dies auf die Dauer nicht entgehen. Dann ist aber durch die entgegenstehende Übung und durch ihre Duldung die Abmachung über Abtretung und Übereignung, selbst wenn sie ernstlich war, durch stillschweigende Vereinbarung aufgehoben. (Peschke, JHK. 207.)

c) In den Fällen, in welchen die antizipierte Forderungsabtretung rechtswirksam vereinbart und nicht stillschweigend wieder aufgehoben wurde, gilt folgendes: Da diese Abtretung der künftigen Forderung lediglich zur Sicherung des Anspruchs des Vorbehaltverkäufers dient, muß dieser die abgetretene Forderung rückübertragen bzw. einen ihm zugegangenen Übererlös herausgeben, wenn er mit der Kaufpreisforderung befriedigt ist (Schalfejew, JHK. 116; Jacusiel 88). Die Abtretung kann aber auch unter der auflösenden Bedingung vereinbart werden, daß die Forderung mit der Befriedigung des Zessionars ohne weiteres an den Zedenten zurückfällt (Schalfejew, JHK. 116; WarneyerE. 1914 Nr. 330). Die Vermutung spricht nicht für einen solchen Sinn dieser Vereinbarung (Jacusiel 89).

Andererseits kann der Vorbehaltverkäufer vom Vorbehaltkäufer, dem der Dritterwerber auf Grund einer solchen Abtretung zur Deckung des von ihm geschuldeten Kaufpreises einen Wechsel gegeben hat, die Herausgabe und Girierung dieses Wechsels verlangen.

Verwendet der Vorbehaltkäufer trotz einer solchen Abtretung das von ihm eingenommene Geld für sich, so begeht er nach der Ansicht des RG. Untreue entweder an der Ware oder an der abgetretenen Kaufpreisforderung oder am eingenommenen Betrag, je nachdem worauf sein Vorsatz gerichtet ist. Im ersten Fall trifft hiermit Unterschlagung zusammen. (RGStr. 62, 31; 64, 86; vgl. hiezu Schwister, JW. 1931, 1161). Bei Zahlungen auf Postscheck oder Bankkonto handelt es sich für das Innenverhältnis zwischen dem Lieferanten und Händler um Forderungen, die wirtschaftlich zum Vermögen des Lieferanten gehören und das genügt, um eine Verletzung der Treupflicht anzunehmen, wenn der Händler von seinem Konto so viel abhebt, daß er die Ansprüche des Lieferanten nicht mehr befriedigen kann (Schwister a. a. O.). Auf diese bedenkliche Weise wird im Ergebnis ein Kauf mit EV. einem handelsrechtlichen Kommissionsgeschäft gleichgestellt, für welches § 95 Ziff. 2 BörsenG. bestimmt, daß sich der Verkaufskommissionär des Lieferanten durch unbefugte Verwendung des Erlöses der Kommissionäruntreue schuldig macht.

IV. Durch Verbindung, Vermischung oder Verarbeitung wird der EV. hinfällig nach Maßgabe der §§ 946 ff. BGB. Dabei kommt es auf den guten Glauben desjenigen, dem das fremde Eigentum zufällt, nicht an (JW. 1904, 138 RG.; Cohen, JW. 1930, 2759 mit Nachweisen). Jedoch kann der Vorbehaltverkäufer von dem neuen Eigentümer (bei Verbindung mit einem Grundstück nicht vom Hypothekengläubiger RG. 63, 423) Vergütung der ungerechtfertigten Bereicherung verlangen (§ 951 BGB.).

1. Verbindung[1]) der Sache mit einer anderen bringt den EV. zum Erlöschen, wenn die Sache durch die Verbindung wesentlicher Bestandteil (§§ 93—95 BGB.) der anderen Sache geworden ist. Dies bestimmt § 946 für die wesentlichen Bestandteile eines Grundstücks (vgl. RG. 69, 121), § 947 Abs. 2 BGB. für die wesentlichen Bestandteile einer beweglichen Sache, sofern letztere als die Hauptsache zu betrachten ist. Wenn aber keine der zu einer neuen beweglichen Sache verbundenen Gegenstände als Hauptsache anzusprechen ist, so werden die Eigentümer der vormals selbständigen Sachen Miteigentümer nach dem Wertverhältnis (§ 947 Abs. 1 BGB.).

Die Sache als körperlicher Gegenstand ist aus gleichartigen oder ungleichartigen Teilen zusammengesetzt, die zusammengefaßt ihren Bestand ausmachen, ihre Bestandteile sind. Entscheidend ist, daß die mehreren mit einander in körperlichen Zusammenhang gebrachten Dinge ihre frühere Eigenschaft als selbständige Sachen solange verloren haben, als die Verbindung dauert, so daß die hierdurch gebildete neue Sache vom Verkehr als ein einziger Gegenstand aufgefaßt wird. Bestandteile eines Kraftwagens sind z. B. das Chassis, der Motor, die Karosserie, die Preßluftreifen.

Die §§ 93—95 BGB. bestimmen, unter welchen Voraussetzungen ein Bestandteil als wesentlicher Bestandteil zu erachten ist. Die Klarlegung dieser Voraussetzungen fällt nicht in den Rahmen dieser Darstellung. Nur wenn die unter EV. stehende Sache wesentlicher Bestandteil einer anderen wird, kann die Verbindung den Untergang des bisherigen Eigentums bewirken.

Erwähnt mag werden, daß nach der Rechtsprechung des RG. Maschinen durch Einbringung in ein Fabrikgebäude nur unter ganz besonderen Voraussetzungen, die recht selten gegeben sind, zu wesentlichen Bestandteilen werden. Die Rechtsprechung ist also für die Maschinenfabrikanten günstig (vgl. z. B. RG. 69, 118; JW. 1904, 111; 1908, 738; 1909, 267; 1911, 317 u. 574 u. 700; 1912, 128; Gruchot 57, 897; 58, 883; Recht 1915 Nr. 420; WarneyerE. 1913 Nr. 80 f.; 1918 Nr. 155; HRR. 1932 Nr. 700 u. Nr. 701 RG.).

Dagegen wird der EV. nicht dadurch wirkungslos, daß die Sache unwesentlicher Bestandteil einer anderen Sache wird. Der aufmontierte Preßluftreifen ist zweifellos Bestandteil des Wagens, er ist aber kein wesentlicher Bestandteil (unrichtig Katz, Mitt. des Automobilhändlerverbands 1929, 242, der sich zu Unrecht auf RGR. Anm. 2

---

[1]) Vgl. Notverordnung vom 23. Januar 1932 (RGBl. S. 32), durch welche zur Sicherung der Frühjahrsdüngung und Saatgutversorgung den Lieferanten von Düngemitteln und Saatgut ein bevorzugtes Pfandrecht an den landwirtschaftlichen Früchten eingeräumt ist.

zu § 93 BGB. beruft, wo dem Reifen lediglich Bestandteilseigenschaft zugeschrieben ist); denn durch die Abnahme des Reifens wird weder der Kraftwagen noch der Reifen in seinem Wesen geändert. Es muß jederzeit, sogar während der Fahrt mit einer Auswechselung des Reifens gerechnet werden. Der Reifen selbst ist infolge seiner Typisierung für andere, gleich geartete Wagen so gut verwendbar wie für diesen Wagen. Er ist nach der Abnahme kein Stück Gummi und Eisen, sondern bleibt nach wie vor auch anderweitig als Reifen verwendbar (AG. Würzburg 15. Februar 1929, PrR. Nr. 8004/28; Recht 1932 Nr. 171 Jena).

Chassis und Karosserie sind dagegen wesentliche Bestandteile; das Chassis ist die Hauptsache (§ 947 Abs. 2; Recht 1932 Nr. 6 Königsberg).

Dem Hypothekengläubiger haften die unter EV. gelieferten Zubehörstücke auch dann nicht, wenn er beim Erwerb der Hypothek das Eigentum des Grundeigentümers gutgläubig angenommen hat (Stulz 36; JW. 1901, 382 RG.; OLG. 18, 164).

Veräußert der Eigentümer sein Grundstück samt Zubehör, zu welchem die EV.-Sache gehört, so steht dies in Ansehung dieser Sache einer gesonderten Veräußerung gleich; der gutgläubige Erwerber genießt daher den Schutz des § 932 BGB. Durch den Zuschlag in der Zwangsversteigerung erwirbt der Ersteher freies Eigentum an allen (auch den unwesentlichen) Bestandteilen und Zubehörstücken des Grundstückes, auf welche sich die Versteigerung erstreckt hat, selbst wenn der Ersteher nicht im guten Glauben war (also z. B. den EV. gekannt hat). Der Verkäufer, der auf diese Weise sein Eigentum verloren hat, ist auf den Bereicherungsanspruch beschränkt, der sich gegen denjenigen richtet, dem der Versteigerungserlös zufließt, also gegen den an letzter Stelle befriedigten Gläubiger oder den Grundeigentümer, nicht gegen den Ersteher (Stulz 37; vgl. OLG. 19, 188; 22, 408; Güthe Bem. 1 a zu § 92 ZwVG.). Um den Eigentumsverlust an der Vorbehaltsache auszuschließen, reicht die bloße Anmeldung des Eigentumanspruchs, ja selbst ein Vorbehalt des EV. im Zuschlagsbescheid, nicht aus. Das Verfahren muß vielmehr in bezug auf diese Sache aufgehoben oder einstweilen eingestellt sein (§§ 771 Abs. 3, 769 ZPO.; § 37 Nr. 5 ZwVG.; vgl. Güthe Anm. 6 b zu § 55 und Anm. 14 zu §§ 37, 38 ZwVG.).

2. Vermischung. Werden die unter EV. gelieferten Gegenstände vom Käufer mit anderen Gegenständen untrennbar vermischt oder vermengt, so tritt Miteigentum nach dem Wertverhältnis ein (§ 948 BGB.). Diese Voraussetzung ist z. B. gegeben, wenn 20 Sack Weizenmehl, die unter EV. geliefert sind, vom Käufer auf sein Lager genommen und mit den dort schon befindlichen 60 Sack derselben Art so vermengt werden, daß man nicht mehr in der Lage ist festzustellen, welche von den 80 Sack gerade speziell die 20 Sack sind, die mit dem EV. belastet waren. Dann ist Miteigentum zu $^1/_4$ und $^3/_4$ an den gesamten 80 Sack eingetreten.

Wenn aber eine der vermengten Sachen die Hauptsache ist, dann wächst die hinzugekommene Nebensache dem Eigentum an der Hauptsache zu. Es wird z. B. einem Wein ein unter EV. erworbener Wein zur Schwundauffüllung beigemengt.

§ 948 BGB. kann nur angewendet werden, wenn die Gesamtmenge aus abgegrenzten Einzelmengen zusammengesetzt ist. Wenn eine dem Maß nach bestimmte Menge mit einer dem Maß nach unbestimmten Menge vermischt wird, kann das Wertverhältnis des § 948 nicht festgestellt werden, so daß der EV. unwirksam wird (RG. 112, 102). Es sind z. B. 1000 Kilogramm Weizen unter EV. geliefert, die der Käufer seinem im Speicher aufgeschütteten Weizenlager beigefügt hat. Das schon vorhandene Weizenquantum ist auch nicht annähernd festzustellen. Dann verliert der Verkäufer durch eine solche Vermischung sein Eigentum trotz des EV. Der Richter wird aber, um zu einem wirtschaftlich vernünftigen Ergebnis zu gelangen, nicht einen mathematischen Beweis verlangen, sondern bei Würdigung des Beweises, der demjenigen obliegt, der sich auf § 948 beruft, von § 286 ZPO. einen nicht zu zaghaften Gebrauch machen.

Über die Einbringung von Waren, die unter EV. geliefert sind, in ein Warenlager des Käufers, das mit seinem wechselnden Bestand einem Dritten zur Sicherheit übereignet ist, s. RG. 113, 57.

3. Verarbeitung und Umbildung (Spezifikation).

Entsteht durch Verarbeitung oder Umbildung aus Stoff und Arbeit eine neue bewegliche Sache, so erwirbt der Hersteller das Eigentum an der neuen Sache, sofern der Wert der Arbeit nicht erheblich geringer ist als der Wert des Stoffes (§ 950 BGB.).

Nach der herrschenden Meinung soll das aber dann nicht gelten, wenn der Hersteller den Willen hat, die Sache nicht für sich, sondern für einen anderen herzustellen; dann erwerbe der andere das Eigentum an der neuen Sache (JW. 1918, 567; 1930, 2798 KG.; Rühl 138; SA. 71 Nr. 255 Hamburg; SächsArchRpfl. 1931, 49 Dresden; OLG. 26, 60; vgl. Stulz 35; Schalfejew, JHK. 113).

Die herrschende Meinung ist abzulehnen. § 950 BGB. enthält zwingendes Recht (Levy, KonkuTrW. 1931, 52; Jacusiel 25 ff.; vgl. auch Staub-Könige Anm. 72 Anh. § 382; BayZ. 1930, 259 München). Die sachenrechtlichen Vorschriften sind grundsätzlich der Parteivereinbarung entrückt. Daß die unmittelbar vorangehenden Bestimmungen über Verbindung und Vermischung zwingend sind, ist allgemein anerkannt. Warum es für die Verarbeitung anders sein soll, ist um so weniger einzusehen, als die in § 950 getroffene Regelung dem sozialen Gedanken (Schutz des Arbeitserfolgs) dienen soll.

Der Hersteller erwirbt also notwendigerweise für sich das Eigentum an der neuen Sache; auf seinen Willen kommt es nicht an. Der nur für rechtsgeschäftliche Willenserklärungen geltende § 164 BGB. kann auf den rein tatsächlichen Vorgang der Verarbeitung auch nicht entsprechend angewendet werden. Für das Sachenrecht sind innere Vorgänge der beteiligten Personen schon aus Gründen der Rechtssicherheit unerheblich.

Die Frage ist nur, was § 950 unter dem Begriff Hersteller versteht. Daß es nicht ausschlaggebend darauf ankommen kann, wer die Verarbeitung mit eigenen Händen vornimmt, liegt auf der Hand. Der Geselle, der die Arbeit ausführt, ist nicht als Hersteller anzusehen und auch sein Meister nicht, wenn auf Bestellung eines Kunden der von diesem gelieferte Stoff für ihn in eine neue Sache umgebildet wird (Jacusiel 25; HRR. 1928 Nr. 1906; JW. 1924, 1612 ObLG.). Der Grund dieser besonderen Beurteilung ist unschwer zu erkennen. In diesen beiden Fällen wird die neue Sache nicht für Rechnung des die Arbeit Ausführenden, sondern für Rechnung eines anderen ausgeführt; das ist das entscheidende Merkmal für den Begriff des Herstellers. Hersteller ist derjenige, für dessen Rechnung aus Stoff und Arbeit eine neue Sache geschaffen wird. Oder mit anderen Worten, Hersteller ist derjenige, dem das wirtschaftliche Ergebnis, das durch Stoff und Verarbeitung herbeigeführt wird — sei es nun Nutzen oder Schaden — zufällt. Es ist dann ein anderer als derjenige, der die Arbeit mit eigener Hand oder den Händen seiner Dienstnehmer ausführt, wenn der Verarbeitende nur den Werklohn zu beanspruchen hat, also an dem wirtschaftlichen Schicksal der neuen Sache nicht beteiligt ist. Ist der Hersteller ein anderer als der Eigentümer des verarbeiteten Stoffes, so geht durch die Verarbeitung das Eigentum am Stoff unter und der Hersteller erwirbt neues Eigentum an der neuen Sache.

An diesem gesetzlichen Begriff des Herstellers kann durch den entgegenstehenden inneren Willen des Verarbeitenden, und durch Parteivereinbarung nichts geändert werden. Wenn also beim Kauf mit EV. vereinbart ist, daß die aus den gelieferten Stoffen durch Verarbeitung hergestellten neuen Sachen ohne weiteres in das Eigentum des Vorbehaltverkäufers übergehen, so ist eine solche Vereinbarung dinglich unwirksam; das gleiche gilt, wenn vereinbart ist, daß der Käufer als Vertreter des Verkäufers für diesen die Sache verarbeitet oder gar, daß er für dessen Rechnung verarbeitet, denn das wäre nicht ernstlich gemeint. Die Beteiligten denken nicht im Traum daran, diese Vereinbarung jemals durchzuführen. Sie sind sich darüber klar, daß der Gewinn und der Verlust der Umbildung aus Stoff und Arbeit nicht dem Vorbehaltverkäufer, sondern dem Vorbehaltkäufer zufallen soll (vgl. Jacusiel 27). Die Vereinbarung bezielt auch den Ausschluß der zwingenden Rechtsfolgen des § 950 BGB. und ist daher nichtig (Levy, KonkuTrW. 1931, 52).

Eine andere Frage ist, ob nicht der vom Vorbehaltverkäufer bezielte Erfolg der Sicherung seiner Kaufpreisforderung durch die neue Sache dinglich wirksam dadurch erreicht werden kann, daß im Voraus neben der Einigung über den künftigen Übergang des Eigentums ein Besitzmittlungsverhältnis nach § 930 BGB., ein sog. antizipiertes Besitzkonstitut vereinbart wird (Sicherungsübereignung). Dies nimmt Jacusiel 28f. an. Gegen diese Auffassung bestehen erhebliche Bedenken. Nach feststehender Rechtsprechung des RG. muß die Einigung über den Übergang noch in dem Zeitpunkt vorhanden sein, in welchem in der Tat das Eigentum übergehen soll[1]). Die neue Sache soll aber erst nach der Vereinbarung geschaffen werden. Es fehlt auch an der erforderlichen Bestimmtheit des Gegenstandes der Übereignung (Levy, KonkuTrW. 1931, 52). Und es liegt ein Verstoß gegen den sozialen Grundgedanken des Schutzes des Arbeitserfolges vor, auf dem § 950 BGB. beruht. Man wird zwar nicht mit Levy a. a. O. in der Vereinbarung einen Verstoß gegen die guten Sitten erblicken, aber sie ist nichtig, weil hiedurch ein zwingendes Gesetz umgangen werden soll. Und schließlich ist die ganze Vereinbarung so künstlich konstruiert, daß auch hierauf anzuwenden ist, was Jacusiel 26 in anderem Zusammenhang sagt: „Es kann nicht von der mehr oder weniger geschickten Formulierung von Vertragsbestimmungen abhängen, ob der Verkäufer oder der Käufer Eigentum an dem Arbeitsprodukt erhält." Denn das ist eine sachenrechtliche Frage.

Wie oben gezeigt, nimmt die **herrschende**, hier bekämpfte **Meinung** an, daß der Vorbehaltverkäufer ohne weiteres das Eigentum an dem Arbeitsprodukt auf Grund einer Vereinbarung erwerbe, wonach der Käufer eine etwaige Verarbeitung für den Verkäufer vorzunehmen hat. Da mit der herrschenden Meinung gerechnet werden muß, sollen aus ihr die Folgerungen gezogen werden.

Hiernach geht durch die Verarbeitung trotz einer solchen Vereinbarung das bisherige Eigentum am Stoff unter und es entsteht ein neues Eigentum am Arbeitsprodukt (vgl. Schalfejew, JHK. 114; Rühl 132ff.), aber dieses neue Eigentum wird nicht dem Verarbeitenden, der es nicht erwerben will, sondern dem Vorbehaltverkäufer, für den er erwerben will, erworben. Der Verarbeitende wird also für keinen Augenblick Eigentümer und deshalb kommt die Vereinbarung eines sog. antizipierten Besitzkonstituts (§ 930 BGB., vgl. RG. 56, 52; 73, 415) gar nicht in Frage, der Verarbeitende überträgt nicht das Eigentum auf den Vorbehaltverkäufer, sondern erwirbt es für diesen, der als Hersteller anzusehen ist (SA. 71 N. 255 Hamburg; SächsRpflA. 1931, 49 Dresden; OLG. 26 KG.; .Rühl 136f.; vgl. Stulz 35).

[1]) Auf den hier vorliegenden Fall können die Erwägungen für den Eigentumerwerb des Vorbehaltkäufers bei Eintritt der Bedingung durchaus nicht angewendet werden (a. M. Jacusiel 29 Anm. 24); denn beim Vorbehaltkauf hat der Käufer die Sache in der Faust, der Verkäufer hat die tatsächliche Herrschaft aufgegeben; mit der Zahlung fällt der EV. unwiederbringlich weg und damit fällt das Eigentum dem Käufer ohne weiteres an. Der Erwerb des Eigentums hängt ausschließlich von dem Handeln des Käufers ab. In unserem Fall dagegen hat derjenige, der das Sicherungseigentum erwerben soll, keine tatsächliche Macht über die Sache. Ob und wann durch Umbildung die neue Sache geschaffen wird, weiß er nicht, das hängt ausschließlich vom Willen seines Vertragsgegners ab. Und wie soll festgestellt werden, ob der Vorbehaltkäufer bei Vollendung der Verarbeitung noch über den Übergang des Eigentums einig geht.

Der Vorbehaltverkäufer erwirbt volles Eigentum, es handelt sich nicht um eine Sicherungsübereignung (vgl. dagegen RG. 56, 52; 73, 415; Schalfejew JHK. 111), so daß ihm im Konkurs des Vorbehaltkäufers der Aussonderungsanspruch, nicht lediglich das Absonderungsrecht zusteht.

Aber erforderlich ist, daß der Hersteller noch bei der Herstellung den Willen hat, das Eigentum nicht für sich, sondern für den anderen zu erwerben. Das muß an sich der andere beweisen (vgl. Recht 1909 Nr. 1687 Stuttgart). Ist zwischen dem Vorbehaltverkäufer des Stoffes und dem Gewerbsmeister vereinbart, daß dieser die Sache für ersteren herstellen soll, dann wird der bei der Herstellung hierauf gerichtete Wille unterstellt, falls nicht bis zur Vollendung der Herstellung ein entgegenstehender Wille des Herstellers nach außen kundgegeben ist.

Wird später der Kaufpreis für den Stoff restlos bezahlt, so erwirbt der Hersteller ohne weiteres das Eigentum. Denn Verkäufer und Hersteller sind darüber stillschweigend einig, daß dann das Eigentum ohne weiteres auf den Käufer übergehen soll und die erforderliche Übergabe mit Eintritt der Bedingung durch brevi manu traditio (§ 929 Abs. 2) erfolgen soll.

Liefert der Verkäufer Holz an einen Schreinermeister unter EV. mit der Vereinbarung, daß die hieraus hergestellten Fensterrahmen Eigentum des Verkäufers sein sollen, so erwirbt der Verkäufer des Holzes ein neues Eigentum an den Fensterrahmen (SA. 71 Nr. 255; RGR. Bem. 2 zu § 950; Stulz 32; vgl. Rühl 138), auch dann, wenn zur Herstellung der Fenster Leisten mitverwendet wurden, die aus anderen Holzbeständen angefertigt wurden (§ 947 Abs. 2 BGB.; OLG. 26, 60). Aber das neue Eigentum erlischt, wenn die Fensterrahmen durch Einfügen in ein Gebäude dessen wesentliche Bestandteile geworden sind (§§ 94, 946 BGB.; SA. 71 Nr. 255; vgl. OLG. 26, 60; 34, 184 und oben S. 26).

Werden zur Herstellung der neuen Sache Stoffe verwendet, die verschiedenen Eigentümern gehören, so steht diesen das Eigentum an der neuen Sache nach Bruchteilen zu (§ 948 mit § 947; vgl. SA. 71 Nr. 255 Hamburg), wenn entweder die Herstellung für die mehreren Eigentümer erfolgt (JW. 1918, 567 RG.) oder der Wert der Arbeit erheblich geringer ist als der Wert des Stoffes (§ 950 Abs. 1 Satz 1 Halbsatz 2). Wenn z. B. der Schreiner S. die Fensterrahmen aus den ihm von V. unter EV. gelieferten 3 Kubikmeter Bretter und aus ihm gehörigen 1 Kubikmeter Bretter herstellt, so ist durch unausscheidbare Vermengung der Stoffe (§ 948 BGB.) Miteigentum des V. zu $3/4$ und des S. zu $1/4$ entstanden. Durch die Verarbeitung geht das Miteigentum des V. unter. V. erwirbt aber neues Eigentum zu $3/4$, wenn zwischen ihm und S. vereinbart war, daß die aus den Kaufbrettern hergestellten Fenster Eigentum des V. sein sollen. Wenn K. an den Müller M. 1000 Kilogramm Weizen unter EV. geliefert hat, ohne daß über das Eigentum an dem aus dem Weizen hergestellten Mehl eine

Vereinbarung getroffen wurde und M. hat diese 1000 Kilogramm mit seinen eigenen Vorräten von 500 Kilogramm ununterscheidbar vermischt, so wird K. Miteigentümer zu $^2/_3$ des aus dem Gesamtvorrat hergestellten Mehls. Zwar ist das Mehl zweifellos eine neue Sache (unrichtig Rosenthal Anh. 1 zu § 950 BGB.), aber der Wert der Arbeit (Mahlen) ist erheblich geringer als der Wert des Stoffes (Weizen). § 950 BGB. ist daher nicht anzuwenden, es verbleibt bei der Anwendung des § 948 BGB. Ist Mehl unter EV. geliefert, so tritt Rechtsänderung nach § 950 ein, wenn das Mehl zu Brot verbacken ist (OLG. 2, 343).

V. Dagegen geht der EV. nicht unter durch Einbringung der vom Pächter eines Grundstücks gekauften Sache in das dem Verpächter gehörige eiserne Inventar (§§ 587, 588 BGB.). Der gute Glaube des Verpächters ist bedeutungslos (JW. 1931, 3461 und dortige Nachweise). Zu Unrecht bekämpft Schwarz in der Anm. diese Entscheidung. Schwarz meint, der Gesetzgeber habe den Ausdruck „angeschafft" gerade deshalb verwendet, um erkennbar zu machen, daß es auf den Eigentumerwerb des Pächters nicht ankommen solle. Der Wortlaut zwingt keineswegs zu dieser Annahme. Schwarz irrt, wenn er „angeschafft" als gleichbedeutend mit „einverleibt" setzt. Gerade aus den von Schwarz angeführten Motiven geht zweifellos hervor, daß der Gesetzgeber an den von Schwarz unterstellten Einbruch in das Eigentum Dritter nicht gedacht hat. Der Gedankengang der Motive ist folgender: Aus der Verpflichtung des Pächters zur Erhaltung des Inventars folge von selbst seine Verpflichtung, dem Verpächter das Eigentum der neu angeschafften Stücke zu verschaffen. Dazu wäre nach allgemeinem Recht brevi manu traditio oder constitutum possessorium erforderlich. Dieser „Weg" könne jedoch nicht für genügend gehalten werden. Deshalb bestimme Abs. 5 des § 544 Entw. (der genau so lautet wie Satz 2 Abs. 1 des § 588 BGB.), daß dem Verpächter schon durch die Einverleibung das Eigentum ohne weitere Beredung zufalle. Hiermit ist Sinn und Tragweite der Bestimmung erschöpfend angegeben. Die Motive rechtfertigen die Bestimmung mit dem Interesse des Verpächters und des Hypothekengläubigers, da diesem nach § 1067 Abs. 3 Entw. (der genau so lautet wie die einschlägige Bestimmung des § 1120 BGB.) zugleich das Inventar hafte. Dabei ist dort ausdrücklich bestimmt, daß sich die Hypothek nur auf Zubehörungen erstrecke, welche in das Eigentum des Grundstückseigentümers gelangt sind. Daran sollte also durch Satz 2 Abs. 1 des § 588 BGB. nichts geändert werden, sondern das Eigentum Dritter gewahrt bleiben und das muß auch für den Eigentumerwerb des Verpächters gelten. Soll die Auffassung von Schwarz auch für Sachen gelten, die der Pächter nur geliehen oder gemietet hat? Das wäre ein unerträgliches Ergebnis. Wird aber diese Frage verneint, dann kann der mit dem EV. bezweckte Erfolg durch einen Mietvertrag erreicht werden. Was die von Schwarz betonte wirtschaftliche Seite der Frage anlangt, so darf man nicht nur auf das Interesse des Verpächters abstellen, man muß auch das Interesse des Eigentümers der Sache berücksichtigen. Übrigens würde dem Pächter und damit auch dem Verpächter durch eine Rechtsprechung im Sinn von Schwarz ein Bärendienst geleistet. Denn bei einer solchen Rechtsprechung würden sich die Händler hüten, dem Pächter eines eisernen Inventars Pferde oder Vieh auf Kredit zu liefern. Dadurch würde letzten Endes auch der Verpächter geschädigt.

VI. Durch Verjährung der Kaufpreisforderung geht der EV. nicht unter (Rühl 85, Crisolli Anm. 39ff. zu § 5 AbzG.; Oertmann, JW. 1926, 725; Lechner 28; a. M. dagegen Samter 30; JW. 1926, 725 Dresden; Jacusiel 55). Die Verjährung steht der Erfüllung nicht gleich, sie bewirkt nicht einmal eine Tilgung, die obligatio naturalis bleibt bestehen. Richtig ist allerdings, daß das Vorbehalteigentum kein Pfandrecht ist und deshalb § 223 BGB. hierauf nicht angewendet werden kann. Für die Aufrechterhaltung des Eigentums trotz Verjährung der hierdurch gesicherten Kaufpreisforderung bedarf es aber auch keiner dem § 223 BGB. entsprechenden Bestimmung. Für Pfandrechte war sie notwendig, weil sie sonst vermöge ihrer akzessorischen Natur ohne weiteres mit dem Forderungsrecht wegfallen würden. Das Eigentum, das ein selbständiges dingliches Recht ist, wird von dem Untergang der Forderung, zu deren Sicherung es verwendet wurde, nicht berührt. Es wäre auch ein merkwürdiges Ergebnis, wenn der Verkäufer, der in der denkbar stärksten Weise durch den Vorbehalt gesichert ist, ein schwächeres Recht hätte, als wenn er sich ein Pfand hätte bestellen lassen (Oertmann a. a. O.).

§ 6.

Das Eigentumanfallrecht des Käufers.

I. Begriff und Wesen. Das Eigentumanfallrecht ist zwar kein dingliches, aber ein dinglich wirkendes, unentziehbares (s. unten III) Anwartschaftsrecht auf den Erwerb des Eigentums, der abhängig ist von der Bedingung der völligen Zahlung des Kaufpreises (vgl. RGR. Bem. 3, Staudinger Bem. II e zu § 455); es ist schon vor Eintritt der Bedingung Bestandteil des Vermögens des Käufers. Deshalb muß es der Käufer bei Leistung des Offenbarungseides unter Darlegung des Kaufpreises, der Kaufzeit, der noch bestehenden Restschuld und der Fälligkeitstermine angeben (JW. 1931, 2130 RG.).

Mit der Zahlung des Restkaufpreises erstarkt das Anfallrecht ipso iure zum Volleigentum. Damit werden die vorher mangels des Eigentums nicht zur Entstehung gelangten Pfandrechte (Vermieterpfandrecht, Pfändungspfandrecht, Faustpfand) wirksam (§ 185 Abs. 2 BGB.). Eine Rückwirkung findet jedoch nicht statt. Auch eine vorher erfolgte Übereignung, die mangels der Voraussetzungen des gutgläubigen Erwerbs (§§ 933, 934 BGB.) nicht wirksam geworden war, wird rechtswirksam, sobald der Vorbehaltkäufer durch Zahlung das Volleigentum erwirbt. Das kann besonders bei der Sicherungsübereignung praktisch werden.

Erstarken auf diese Weise mehrere Pfandrechte (z. B. das Vermieterpfandrecht und ein späteres Pfändungspfandrecht), so haben die beiden Pfandrechte unter sich gleichen Rang (RG. 60, 73; Lechner 28). Hat der Vorbehaltkäufer die Sache ohne Übergabe einem Dritten zur Sicherheit übereignet und ist später die Sache von einem Gläubiger gepfändet worden, so wird mit der Zahlung des Restkaufpreises die Sicherungsübereignung wirksam, sie ist jedoch mit dem Pfändungspfandrecht belastet (OLG. 22, 163 KG.; a. M. SA. 82 Nr. 68 Stuttgart).

II. Zeitpunkt des Eigentumanfalls.

Der EV. fällt ohne weiteres weg und damit fällt ipso iure das Eigentum dem Käufer zu, sobald der gesamte Anspruch, zu dessen Sicherung der EV. vereinbarungsgemäß dienen soll (s. oben S. 9), restlos erfüllt ist (s. oben S. 18). Diese Wirkung tritt auch dann ein, wenn der Käufer zur Zeit der Restzahlung hiemit in Verzug war, sofern der Verkäufer nicht schon vorher zurückgetreten oder zum Schadenersatzanspruch wegen Nichterfüllung übergegangen war (vgl. Jacusiel 61). Daß der Käufer die ihm übergebene Sache zur Zeit der Zahlung des Kaufpreises oder Kaufpreisrestes noch im Besitz hat, ist nicht erforderlich. Deshalb fällt ihm das Eigentum ohne nochmalige Übergabe auch dann an, wenn der Verkäufer die Sache wegen Zahlungsverzugs des Käufers unter Aufrechterhaltung des Vertrags einstweilen zurückgenommen hat und zur Zeit der Restzahlung noch besitzt (Rühl 87; Jacusiel 61).

Auch die von einem Dritten geleistete Restzahlung bewirkt den Übergang des Eigentums an den Käufer, wenn der Verkäufer die Zahlung annimmt (§ 267 BGB.). Er muß die Zahlung des Dritten annehmen, falls nicht der Käufer widerspricht (§ 267 BGB.); er kann aber die Zahlung trotz des Widerspruchs des Käufers annehmen (Jacusiel 63). Lehnt der Verkäufer die Annahme der Zahlung ab, so steht dem Dritten die Möglichkeit einer befreienden Hinterlegung nach § 378 BGB. nicht offen, da dieses Hinterlegungsrecht nur dem Schuldner zusteht (vgl. Jacusiel 63). Wenn aber der Verkäufer den Widerspruch des Käufers im Zusammenwirken mit diesem zu dem Zweck beachtet, um hiedurch die Sache dem Zugriff des Gläubigers zu entziehen, wird hierin regelmäßig ein Verstoß gegen § 826 BGB. zu erblicken sein (vgl. Crisolli Anm. 54 zu § 5 AbzGes.; zaghafter Jacusiel 64; vgl. OLG. 20, 351; 40, 404; Stulz 66). Für diese gemeinsame Benachteiligungsabsicht streitet eine tatsächliche Vermutung, wenn der Verkäufer keinen anderen vernünftigen Grund für die Annahmeverweigerung angeben kann. Ein solcher liegt natürlich nicht darin, daß der Verkäufer dem Vorbehaltkäufer (z. B. zum Zweck der Erhaltung der Geschäftsverbindung) gefällig sein will. Denn das ist nur der Beweggrund, aus dem er sich auf die Kollusion einläßt. Zumeist wird ein Dritter nur dann Zahlung leisten wollen, wenn er Gläubiger des Vorbehaltkäufers ist. Ihm steht der Weg der Pfändung und Überweisung des Eigentumanfallrechts des Käufers offen, wodurch er in das Schuldverhältnis eintritt, so daß der Vorbehaltverkäufer die angebotene Zahlung des Kaufpreises nicht ablehnen kann (s. unten S. 42).

III. Unentziehbarkeit des Eigentumanfallrechtes.

Nach § 161 BGB. ist jede weitere Verfügung, die der Eigentümer während der Schwebezeit trifft, im Fall des Eintritts der Bedingung insoweit unwirksam, als sie die von der Bedingung abhängige Wirkung (den Eigentumübergang) vereiteln oder beeinträchtigen würde. Einer solchen Verfügung steht eine Verfügung gleich, die während der Schwebezeit im Wege der Zwangsvollstreckung oder der Arrestvollziehung oder durch den Konkursverwalter erfolgt. Nach § 161 Abs. 3 BGB. kommen jedoch die Vorschriften zugunsten derjenigen, welche Rechte von einem Nichtberechtigten herleiten, zur entsprechenden Anwendung. Das sind vor allem die Vorschriften über den gutgläubigen Erwerb (§§ 932 ff.). § 932 BGB. ist in unserem Fall nicht anwendbar, weil ja der Verkäufer nicht den unmittelbaren Besitz an der Sache hat. Nach § 931 BGB. kann zwar die Übergabe dadurch ersetzt werden, daß der Eigentümer dem Erwerber den Anspruch auf Herausgabe der Sache abtritt und für diesen Fall genießt der gutgläubige Erwerber den Schutz des § 934 BGB., der bestimmt:

> „Gehört eine nach § 931 veräußerte Sache nicht dem Veräußerer, so wird der Erwerber, wenn der Veräußerer mittelbarer Besitzer der Sache ist, mit der Abtretung des Anspruchs, andernfalls dann Eigentümer, wenn er den Besitz der Sache von dem Dritten erlangt; es sei denn, daß er zur Zeit der Abtretung oder des Besitzerwerbs nicht in gutem Glauben war."

Hienach unterscheidet der § 934 zwei Fälle: Der zweite Fall kommt nicht in Frage, da der Käufer den unmittelbaren Besitz hat. Der andere Fall aber erfordert den wirklichen Bestand eines Herausgabeanspruchs (vgl. JW. 1926, 800 RG.; RG. 89, 348; Soergel Bem. zu § 934 BGB.; Achilles-Greif, Bem. zu § 934). Solange der Käufer die Sache besitzt und zum Besitz der Sache berechtigt ist, steht dem Vorbehaltverkäufer nur ein bedingter Herausgabeanspruch zu, nämlich abhängig von der Bedingung, daß der Verkäufer rechtmäßig zurücktritt, oder in Gemäßheit des § 326 BGB. die Annahme der Erfüllung ablehnt. Mehr als diesen Anspruch kann der Verkäufer nicht abtreten, so daß der Dritte, dem gegenüber die gegen den Zedenten zustehenden Einreden erhoben werden können (§ 404 BGB.) trotz seines guten Glaubens das Eigentum nur erwerben kann, wenn der Vorbehaltkäufer durch Zahlungsverzug den Eintritt dieser Bedingung ermöglicht.

IV. Weil dem Käufer das Eigentum ipso iure mit der Zahlung des Kaufpreises anfällt, bedarf es hiefür, nachdem die Sache einmal übergeben ist, keiner Mitwirkung, insbes. nicht der Zustimmung des Verkäufers (Rühl 87; Jacusiel 19).

Die herrschende Ansicht (RG. 64, 204; 95, 105; 133, 42 und Nachweise bei Schantz, JW. 1931, 508; JW. 1932, 164 RG.) steht auf dem entgegengesetzten Standpunkt. Hiernach hat der endgültige Übergang des bedingt übertragenen Eigentums zur Voraussetzung, daß noch im Zeitpunkt des Eintritts der Bedingung die „Einigung" (§ 929 BGB.) der Parteien über den Eigentumübergang fortbesteht und deshalb muß der Verkäufer noch beim Empfang des Kaufpreisrestes mindestens stillschweigend den Willen haben, das Eigentum solle nun unbedingt auf den Käufer übergehen.

Diese Auffassung, deren Richtigkeit lebhaft und mit verschiedenartiger Begründung bestritten wird (Oertmann, LZ. 1927, 10; Rühl 204; Stulz, JW. 1930, 2771; Auerbach, JHK. 69; Lechner 28 und die weiteren Nachweise von Merkel II, JW. 1931, 2088f. und 1932, 1057; Abenheimer, JW. 1931, 3061), beruht auf unhaltbarer Begriffkonstruktion. Dem gesunden Menschenverstand ist das ohne weiteres klar. Man stelle sich nur vor, daß der Verkäufer bei Entgegennahme des vollen Kaufpreisrestes dem Käufer erklären würde, er sei trotzdem mit dem Übergang des Eigentums nicht einverstanden. Es wird sich kein Richter finden, der in einem solchen Fall dem Käufer das dingliche Eigentumrecht absprechen würde. Die herrschende Meinung ist mit schlüssiger Begründung zu widerlegen (vgl. insbes. Oertmann und Rühl a. a. O.).

Der Verkäufer hat durch Übergabe der Sache seine Leistungs**handlung** voll erfüllt, nur der Leistungs**erfolg** (Eigentumübergang) ist noch in der Schwebe, aber nicht vom Willen des Verkäufers, sondern ausschließlich von einer Handlung des Käufers abhängig, nämlich von der Zahlung, durch deren Annahme-Verweigerung der Verkäufer den Eigentumübergang (auch ohne §§ 372, 378 BGB.) nicht aufhalten kann (§ 162 BGB.; s. oben S. 19). Der Verkäufer hat alles, was zur Verschaffung des Eigentums (§ 433 BGB.) erforderlich ist, getan; es bleibt für ihn zu tun nichts übrig. Der Käufer kann sich das Eigentum selbst „verschaffen", er braucht den Verkäufer nicht mehr dazu. Widerspricht dieser dem Eigentumübergang bei Empfang des Kaufpreisrestes, so steht ihm die exceptio doli entgegen. Auch eine anderweitige Verfügung des Verkäufers ist ohne Mitwirkung des Käufers unwirksam (§ 161 BGB.). Hat der Verkäufer die Sache einmal übergeben, so kann er den Übergang des Eigentums wirksam überhaupt nicht mehr aufhalten, wenn der Käufer den Vertrag ordnungsgemäß erfüllt. Also ist seine nochmalige Zustimmung nicht erforderlich. Sie würde an den Clown erinnern, der hinter dem schon gerollten Teppich herläuft, um beim Rollen mitzuwirken. Die Zustimmung des Vorbehaltverkäufers zum Eigentumübergang ist **unwiderruflich** gegeben in der Übertragung des Eigentums unter einer Bedingung, deren Eintritt von seinem Willen völlig unabhängig ist. Diese Unwiderruflichkeit ist entscheidend. Es liegt also etwas anderes und mehr vor als eine fingierte Zustimmung, mit deren Konstruktion Abenheimer (JW. 1931, 3062) helfen will.

V. Gutgläubiger Eigentumerwerb des Vorbehaltkäufers an der unter EV. verkauften Sache (§ 932 BGB.).

War der Verkäufer nicht der Eigentümer der Sache, so kommt es für den guten Glauben (vgl. oben S. 22) des Käufers auf den Zeitpunkt der Übergabe an, nicht auf die Zeit des Eintritts der Bedingung. Der Wortlaut des § 932 BGB. steht nur scheinbar entgegen. Denn mit der Übergabe der Sache sind alle Handlungen und Vorgänge, über welche sich der Käufer Gedanken machen kann und muß, vollständig abgeschlossen. Der Verkäufer kann den Übergang des Eigentums nicht mehr hindern. Nur der Erfolg ist noch nicht eingetreten, aber ausschließlich vom Käufer abhängig (vgl. oben IV). Im Ergebnis ebenso OLG. 33, 272 (München); HRR. 1931 Nr. 1314 (Stuttgart); Brecht, JherJahrb. 61, 285. Anders die herrschende Meinung vgl. RGR. Bem. 4 zu § 932.

VI. Übertragung des Eigentumanfallrechts.

1. Selbständige Befugnis des Käufers. Der Vorbehaltkäufer kann sein Eigentumanfallrecht auf einen Dritten übertragen (RG. 95, 105; HRR. 1930 Nr. 1209; Brandis JW. 1931, 505); seine Gläubiger können dieses Recht pfänden (s. hierüber unten § 8 II 2 S. 41).

Die Übertragung kann wegen Gläubigerbenachteiligung nach Maßgabe der KO. und des AnfGes. angefochten werden (Rühl 166).

Die herrschende Meinung zieht aus ihrem Standpunkt, wonach der Verkäufer noch bei Empfang des Kaufpreisrestes den Willen des endgültigen Eigentumsübergangs haben muß (s. oben S. 36), die Folgerung, daß für eine Übertragung des Eigentumanfallrechtes die (ausdrückliche oder stillschweigende) Zustimmung des Verkäufers notwendig sei (vgl. Schantz, JW. 1931, 508 und dortige Nachweise). Mit der Voraussetzung ist auch diese Folgerung abzulehnen (s. oben S. 36). Der Käufer ist berechtigt, über sein Eigentumanfallrecht selbständig zu verfügen, die Zustimmung des Verkäufers ist nicht erforderlich (im Ergebnis ebenso Abenheimer, JW. 1931, 3061).

2. Form der Übertragung. Die Übertragung des Anfallrechtes vollzieht sich in den Formen, die für die Übertragung des Eigentums an der Sache durch §§ 929 ff. BGB. vorgeschrieben sind (Schantz, JW. 1931, 508); also durch Einigung über den Übergang des Anfallrechtes und Übergabe der Sache (§ 929 Abs. 1 BGB.), oder antizipiertes Besitzkonstitut (§ 930 BGB.) oder Abtretung des Herausgabeanspruchs gegen einen Dritten, der den unmittelbaren Besitz der Sache hat (§ 931) oder durch brevi manu traditio, wenn der Erwerber schon im unmittelbaren Besitz der Sache ist (§ 929 Abs. 2 BGB.). Eine Verständigung des Verkäufers ist nicht erforderlich, aber zur Abschneidung von Einwendungen ratsam (vgl. Schantz, JW. 1931, 508).

Es kommt in Verträgen, deren Verfasser über die rechtliche Konstruktion des Eigentumanfallrechts im Unklaren sind, vor, daß der Käufer dem Dritten zur Sicherheit für einen Kredit nicht das Eigentumanfallrecht, sondern die Sache selbst in den Formen der §§ 929ff. überträgt, obwohl der Kreditgeber weiß, daß der EV. des Verkäufers noch zu Recht besteht. Eine verständige Rechtsprechung wird den wahren, infolge Rechtsunkenntnis in ein unrichtiges Gewand gekleideten Vertragswillen unterstellen, wonach dem Kreditgeber eben das Recht übertragen werden sollte, das dem Käufer bei dem von beiden Teilen zugrunde gelegten Tatbestand nach dem Gesetz zusteht, also das Eigentumanfallrecht (JW. 1931, 550 Hamm; so auch das von Schantz, JW. 1931, 509 angeführte Urteil des OLG. Breslau. In dem dort entschiedenen Fall waren „die Rechte aus dem Automobil" übertragen).

3. Die Wirkung der Übertragung des Anfallrechts besteht darin, daß der Erwerber in dem Augenblick ipso iure Eigentümer der Sache wird, in welchem die Gesamtrestschuld des Vorbehaltkäufers aus dem einheitlich zu beurteilenden Vertrag bezahlt ist. Der Erwerber kann diesen Kaufpreis selbst bezahlen, der Verkäufer kann eine durch den Erwerber erfolgte Zahlung nicht zurückweisen, weil nach der Übertragung dem Käufer der Widerspruch des § 267 Abs. 2 BGB. nicht mehr zusteht (vgl. Rühl 172, Jacusiel 64; s. oben S. 34).

Mit der Übertragung des Anfallrechtes ist dieses aus dem Vermögen des Käufers ausgeschieden und in das Vermögen des Erwerbers übergegangen. Dieser kann gegen eine spätere Pfändung des Anfallrechtes aber auch der EV.-Sache selbst Widerspruchsklage erheben.

§ 7.

Widerstreit des Eigentumvorbehalts mit Mobiliar-Pfandrechten.

I. Faustpfand. Bestellt der Käufer einem Dritten unter Übergabe der Sache ein Pfandrecht, so kann der gutgläubige Dritte Befriedigung aus der Sache suchen (§§ 1204, 1205, 1208 BGB.). Der EV. muß insoweit zurücktreten. Der gute Glaube wird durch grobe Fahrlässigkeit ausgeschlossen (vgl. oben S. 37).

II. Das gesetzliche Vermieterpfandrecht erfaßt nur die dem Mieter eigentümlich gehörigen Sachen, also nicht die Sachen, die der Mieter unter EV. gekauft und in das Mietgrundstück eingebracht hat.

Mit der vollen Zahlung des Restkaufpreises fällt der Eigentumvorbehalt weg (s. oben S. 9); der Käufer wird Eigentümer und die Sache wird ohne weiteres von dem Vermieterpfandrecht erfaßt. Damit muß ein Gläubiger des Käufers rechnen, der das bedingte Eigentumanfallrecht des Käufers pfänden läßt (s. unten S. 41) und vor der Frage steht, ob er selbst Zahlung des Restkaufpreises leisten will, um den Eintritt der Bedingung herbeizuführen (s. unten S. 42).

Was für das Vermieterpfandrecht gilt, gilt auch für das gesetzliche Pfandrecht des Verpächters.

III. Das vertragsmäßige Pfandrecht einer Pächterkreditbank an dem Inventar eines landwirtschaftlichen Pächters (RG. v. 9. Juli 1926, RGBl. 399)[1].

Nach § 1 dieses Gesetzes, betr. Kapitalkreditbeschaffung für landwirtschaftliche Pächter, kann der Pächter eines landwirtschaftlichen Grundstücks an dem ihm gehörenden Inventar einem zugelassenen Kreditinstitut ein Pfandrecht (§ 1204 BGB.) zur Sicherung eines ihm gewährten Darlehens ohne Besitzübertragung bestellen. Erforderlich ist hiefür die Niederlegung des schriftlichen Verpfändungsvertrags bei dem Amtsgericht, in dessen Bezirk der Sitz des Betriebs liegt (§ 2). Das Pfandrecht erstreckt sich auf das gesamte, dem Pächter zur Zeit der Niederlegung des Verpfändungsvertrags gehörende Inventar (§ 3 Abs. 1). Es erstreckt sich weiter auf Inventarstücke, die der Pächter nach diesem Zeitpunkt erwirbt, sobald er sie in das Inventar einverleibt (§ 3 Abs. 2).

Ist der Pächter nicht der Eigentümer eines Inventarstücks, so erwirbt die Pächterkreditbank gleichwohl ein Pfandrecht, es sei denn, daß ihr im Zeitpunkt der Niederlegung des Verpfändungsvertrags bekannt oder infolge grober Fahrlässigkeit unbekannt ist, daß das Inventarstück dem Pächter nicht gehört (§ 4 Abs. 1; Vgl. Marwitz, Zeitschrift der Verpächter 1927, 19). Ist ein Inventarstück mit dem Rechte eines Dritten belastet, so gilt das gleiche mit der Maßgabe, daß das Pfandrecht der Pächterkreditbank dem Rechte des Dritten vorgeht (§ 4 Abs. 2). Das Verhältnis dieses Pfandrechts zu dem gesetzlichen Verpächterpfandrecht ist durch §§ 4 mit 11 besonders geregelt.

Ist ein vom landwirtschaftlichen Pächter unter Eigentumvorbehalt gekauftes Pferd dem Inventar einverleibt worden, so wird es vom gutgläubig erworbenen Pfandrecht der Pächterkreditbank erfaßt. Das kommt in § 4 Abs. 1 klar zum Ausdruck. Aber auch wenn der Pächter erst nach der Niederlegung des Verpfändungsvertrags ein unter EV. gekauftes Pferd dem Inventar einverleibt, erwirbt die Pächterkreditbank das Pfandrecht, sofern sie bei der Einverleibung im guten Glauben ist.

Will sich der Verkäufer hievor schützen, so muß er vor Übergabe der Kaufsache feststellen, ob ein Verpfändungsvertrag beim zuständigen Amtsgericht niedergelegt ist. Ist das der Fall, so wird er dem Pächter die Kaufsache erst nach vorheriger Verständigung der Pächterkreditbank von seinem EV. übergeben. Ist freilich ein Verpfändungsvertrag nicht niedergelegt, so muß der Verkäufer mit der späteren Niederlegung eines solchen Vertrags mit der Wirkung rechnen, daß dann die Kaufsache trotz des EV. von dem Pfandrecht erfaßt werden kann. Will sich der Verkäufer trotz dieser Gefahr auf das Geschäft einlassen, so wird er wenigstens vor der Übergabe die Kontrollstelle für Kredite an land-

[1]) Vgl. hierzu Lippmann, JW. 1932, 1033; ferner JW. 1932, 1027 (Schrifttum).

wirtschaftliche Pächter[1]) von dem unter EV. erfolgten Verkauf benachrichtigen. Dort wird ein Verzeichnis über die den landwirtschaftlichen Pächtern von anderer Seite gewährten Kredite geführt. Zieht eine Pächterkreditbank vor Abschluß eines Pächterkreditvertrags keine Erkundigungen bei dieser Kontrollstelle ein, so beruht ihre Unkenntnis auf grober Fahrlässigkeit (Böttcher-Adler-Brandt, Wirtsch. Kurzbriefe Gruppe 22 Bl. 286).

IV. Über die Frage, ob der Verkäufer die unter EV. verkaufte, also seine eigene Sache pfänden lassen kann, s. unten S. 43.

§ 8.
Eigentumvorbehalt und Zwangsvollstreckung.

I. Ein Gläubiger des Verkäufers kann dessen Anspruch auf den Kaufpreis (§ 829 ZPO.) und gleichzeitig den bedingten Anspruch auf Herausgabe der unter EV. übergebenen Kaufsache (§ 846 ZPO.) pfänden lassen[2]), indem er an das Vollstreckungsgericht folgenden Antrag stellt:

„Wegen der dem Gläubiger Goldmann gegen den Schuldner Eigner (Vorbehaltverkäufer) zustehenden Forderung zu 600 Mk. nebst 6% Zinsen seit 1. Dezember 1930, ferner 80 Mk. festgesetzte Prozeßkosten, sowie der Kosten dieses Zwangsvollstreckungsverfahrens, werden folgende dem Schuldner Eigner gegen den Drittschuldner Zahler (Vorbehaltkäufer) zustehende Ansprüche gepfändet und dem Gläubiger Goldmann zur Einziehung überwiesen:

Die Ansprüche aus dem Verkauf eines Opel-Kraftwagens, insbesondere auf den Kaufpreisrest (§ 829 ZPO.) und auf Herausgabe des unter EV. an Zahler gelieferten Opel-Kraftwagens (§ 846 ZPO.).

Dem Drittschuldner Zahler wird verboten, an Eigner den Kaufpreisrest zu bezahlen und den Opel-Kraftwagen herauszugeben, dem Schuldner Eigner wird geboten, sich jeder Verfügung über die Forderung und den Herausgabeanspruch zu enthalten, insbes. die Forderung einzuziehen und den Opel-Kraftwagen zurückzunehmen (§ 829 ZPO.)."

Hat der Gläubiger diesen Pfändungsbeschluß erwirkt, so wird er mit dessen Zustellung an den Drittschuldner Zahler das Verlangen auf Erteilung der Auskunft nach § 840 ZPO. verbinden. Unabhängig davon kann er vom Drittschuldner, aber auch vom Schuldner Eigner Ge-

---

[1]) Derzeitige Anschrift: Evidenz-Zentrale Abt. B, Berlin SW. 61, Kreuzbergstr. 30.

[2]) Er ist nicht berechtigt, die Sache selbst zu pfänden. Wenn also z. B. der unter EV. verkaufte Wagen zur Reparatur in einer Garage steht, die gegen den Vorbehaltverkäufer einen Vollstreckungstitel hat, so kann die Garage Mobiliarpfändung herbeiführen (§ 809 ZPO.). Dem Vorbehaltkäufer steht hiegegen die Widerspruchsklage zu (§ 771 ZPO.), weil er das bedingte Anfallrecht hat (JW. 1928, 2735 Karlsruhe, vgl. oben S. 34).

währung der Einsicht in die Kaufvertragsurkunde verlangen (§ 810 BGB.); denn in dieser ist ein bestehendes Rechtsverhältnis sowohl zwischen Goldmann und Zahler als auch zwischen Goldmann und Eigner beurkundet, da infolge der Überweisung Goldmann zur Geltendmachung der Rechte aus dem Kaufe gegenüber Zahler berechtigt und gegenüber Eigner § 402 analog anzuwenden ist.

II. 1. Ein Gläubiger des Käufers darf die mit dem EV. behaftete Sache natürlich nicht pfänden lassen. Tut er es dennoch, so darf allerdings der Gerichtsvollzieher die Pfändung nicht deshalb ablehnen, weil sie eine für den Schuldner fremde Sache ist, wohl aber wenn sie unpfändbar ist (§ 811 ZPO.). Für die Unentbehrlichkeit sind die Verhältnisse des Käufers, nicht etwa die des Verkäufers maßgebend.

Gegen die Pfändung steht dem Vorbehalt-Eigentümer die Widerspruchsklage zu (§ 771 ZPO.), dem Schuldner die Einwendung aus § 766 ZPO.

Die Notverordnung vom 1. Dezember 1930 (Kap. III, § 8 Abs. 4, RGBl. 517) unterwirft die nicht dem Unternehmer gehörigen, aber seinem Gewerbebetrieb dienenden Gegenstände der Haftung für die Gewerbesteuer, wenn diese Gegenstände einem Angehörigen des Unternehmers oder einer Person zu eigen sind, die zu mehr als einem Viertel an dem Unternehmen, wenn auch nur mittelbar, beteiligt ist. Auch die zum Umsatz bestimmten Gegenstände dienen dem Gewerbebetrieb.

Läßt der Vorbehalteigentümer der ZwV. und Einsteigerung der Sache durch einen Dritten wissentlich den Lauf, dann liegt darin unter Umständen ein Verzicht auf das Eigentum, der mit dem Zuschlag wirksam wird (§ 185 Abs. 1 BGB.; vgl. JW. 1931, 2138 RG.; Spiro JW. 1932, 151).

2. Dagegen kann ein Gläubiger des Käufers dessen bedingtes Recht auf den Anfall des Eigentums[1]) an der Kaufsache (s. oben S. 33 ff.) pfänden.[2]) Zu diesem Behuf stellt er an das Vollstreckungsgericht folgenden Antrag:

„Wegen der dem Gläubiger Goldmann gegen den Schuldner Zahler (Vorbehaltkäufer) zustehenden Forderung zu 600 Mk. usw. (s. oben Ziff. 1) werden die diesem gegen den Drittschuldner Eigner (Vorbehaltverkäufer) aus dem Ankauf eines Opel-Kraftwagens zustehenden Ansprüche[3]) (§ 829 ZPO.) sowie das Recht des Schuldners Zahler gegen Zahlung des Restkaufpreises das

[1]) Eine Pfändung des Anspruchs auf Übereignung der Sache ist, auch wenn man einen solchen Anspruch als bestehend anerkennt, inhaltslos. Aber sie kann zwanglos als Pfändung des Eigentumanfallrechts aufgefaßt werden (Jacusiel 65).

[2]) Ist die Sache selbst nach § 811 ZPO. unpfändbar (s. oben II 1), so ist es auch das Anfallrecht (Rühl 166).

[3]) Auch diese Ansprüche müssen gepfändet werden, denn wenn Eigner vom Kaufvertrag zurücktritt (§ 455) nützt dem Gläubiger Goldmann die Pfändung des Eigentumanfallrechts nichts; wohl aber kann dann dem Käufer ein Anspruch auf Rückzahlung der geleisteten Anzahlungen zustehen (vgl. unten S. 47).

Eigentum an dem Opel-Kraftwagen zu erwerben (§ 857 Abs. 2 ZPO.)[1]) gepfändet und dem Gläubiger Goldmann zur Einziehung überwiesen.

Dem Drittschuldner Eigner wird verboten, an den Schuldner Zahler irgendwelche diesem jetzt oder in Zukunft aus dem Kaufvertrag zustehende Forderungen zu bezahlen, während dem Schuldner Zahler geboten wird, sich jeder Verfügung über solche Forderungen, insbesondere der Einziehung und ferner jeder Verfügung über das ihm am Opel-Kraftwagen zustehende Eigentumanfallrecht zu enthalten."

Wenn der Gläubiger Goldmann nach Erwirkung des Pfändungsbeschlusses den Kaufpreisrest an Eigner bezahlt, so muß Eigner die Zahlung annehmen (Stein-Jonas Bem. II 9 zu § 857; Baumbach Bem. 4B zu § 771; OLG. 26, 56 KG.; Stulz 61; SA. 65 Nr. 18 KG.); und zwar auch dann, wenn der Schuldner widerspricht (KGBl. 1904, 38 KG.; a. M. OLG. 26, 56 KG.; Meyer Recht 1909, 360), denn das Recht zur Zahlung ist aus dem durch die Pfändung bewirkten Eintritt in das Schuldverhältnis abzuleiten; infolge der Pfändung steht dem Gläubiger das Eigentumanfallrecht zu und er kann sich daher auf § 162 BGB. berufen (Rühl 91; OLG. 20, 349). Deshalb ist der Verkäufer auch verpflichtet, dem Gläubiger Auskunft über die Höhe des rückständigen Kaufpreisrestes zu geben (§ 840 ZPO.; KGBl. 1910, 28 KG.). Verweigert der Verkäufer Eigner die Annahme, so kann Goldmann für Eigner den Kaufpreisrest unter Verzicht auf das Recht der Rücknahme hinterlegen (§§ 372, 378 BGB.). Diese Hinterlegung steht der Zahlung gleich (§ 378 BGB.), so daß der Vorbehaltkäufer Zahler Eigentümer der Kaufsache wird[2]). Dieses Eigentum ist mit dem Pfändungspfandrecht des Gläubigers Goldmann belastet (§ 857 Abs. 2 ZPO.). Ist die Sache beim Schuldner von einem dritten Gläubiger gepfändet, so hat Goldmann gemäß § 805 ZPO. den Anspruch auf bevorzugte Befriedigung aus dem Erlös zunächst wegen seiner Vollstreckungsforderung, aber auch wegen des von ihm bezahlten Kaufpreises[3]),

[1]) Hinsichtlich dieses Anspruchs ist kein Drittschuldner vorhanden. Es ist daher § 857 Abs. 2 einschlägig. Immerhin empfiehlt sich die Zustellung des Pfändungsbeschlusses an den Vorbehaltverkäufer (vgl. Gaupp-Stein, Bem. II 9 zu § 857, Jacusiel 64).

[2]) Durch Pfändung des Anspruchs und Überweisung zur Einziehung scheidet der Anspruch nicht aus dem Vermögen des Schuldners aus; der Gläubiger erhält hiedurch nur die Befugnis von dem Drittschuldner die Leistung zu verlangen und mit der Wirkung anzunehmen, daß die Leistung sein Eigentum wird (Stein-Jonas Bem. IV zu § 835 ZPO., Bem. II 9 bei Anm. 128 zu § 857 ZPO.).

[3]) Es ist zweifelhaft, ob § 805 ZPO. hinsichtlich des von Goldmann bezahlten Kaufpreisrestes unmittelbar anzuwenden ist; eine vernünftige, wirtschaftlich denkende Rechtsprechung müßte das annehmen. Der Gläubiger Goldmann wird aber besser den dritten Pfändungspfandgläubiger aber auch den Schuldner Zahler vor der Versteigerung auffordern, dem Gerichtsvollzieher das Einverständnis zur Hinterlegung des dem bezahlten Kaufpreis gleichstehenden Betrags des Versteigerungserlöses zu erklären. Im Falle der Weigerung wird er entsprechende einstweilige Verfügung beim Prozeßgericht (nicht beim Vollstreckungsgericht) beantragen. (Rechtsgrund: Verhütung ungerechtfertigter Bereicherung).

selbst dann, wenn diese Mobiliarpfändung vor der von Goldmann bewirkten Pfändung des Anfallrechtes bewirkt ist (vgl. HRR. 1930 Nr. 1209 Frankfurt) denn ein Pfändungspfandrecht (§ 804 ZPO.) entsteht — abgesehen von der formalen Verstrickung — nur dann, wenn die im Gewahrsam des Vollstreckungsschuldners vorgefundene Sache auch dem Schuldner gehört (vgl. Spiro JW. 1932, 151). Der dritte Gläubiger wäre übrigens durch die Kaufpreiszahlung des Goldmann insoweit bereichert (§ 812 BGB.), als er diesen an sich ziehen würde. Im Verhältnis zwischen dem Gläubiger Goldmann und dem Schuldner Zahler gilt hinsichtlich der Bereicherung das gleiche. Siehe im übrigen Stein-Jonas Bem. II 9 zu § 857, dort ist zutreffend dargelegt, daß der Gläubiger auch noch die Sache selbst nach § 808 ZPO. pfänden muß, um zur Befriedigung aus ihrem Erlös zu kommen.

Goldmann wird aber schon vor Beantragung der Pfändung, spätestens aber vor der Zahlung des Kaufpreisrestes an Eigner, sorgfältig prüfen müssen, ob nicht etwa die Kaufsache nach § 811 ZPO. unpfändbar ist oder ob nicht mit dem gesetzlichen Vermieterpfandrecht an der Sache zu rechnen ist (das in Konkurrenz zu dem Pfändungsrecht des Gläubigers Goldmann treten würde, sobald Zahler durch die von Goldmann bewirkte Zahlung des Restkaufpreises das Eigentum erwirbt; RG. 60, 73). Dem Vermieterpfandrecht kann er dadurch ausweichen, daß er die Sache vom Gerichtsvollzieher vor der Versteigerung aus dem Mietgrundstück entfernen läßt. Ist die Sache nach § 811 ZPO. unpfändbar, dann kann Goldmann trotz seiner Zahlung keine Befriedigung aus der Sache erlangen (Stein-Jonas Anm. 29 und Bem. II 9 zu § 857; Jacusiel 73). Die nach § 811 ZPO unzulässige Pfändung müßte auf Erinnerung des Schuldners (§ 766 ZPO.), die an keine Frist gebunden ist, aufgehoben werden und dem Gläubiger Goldmann stünde wegen seiner Kaufpreiszahlung nur ein Forderungsrecht auf Bereicherung (§ 812 ZPO.) gegen den Schuldner Zahler zu.

III. Kann der Verkäufer selbst die unter EV. gelieferte, also seine eigene Sache, pfänden lassen?[1])

An der eigenen Sache gibt es wohl ein vertragliches Pfandrecht (RG. 57, 363), aber kein Pfändungspfandrecht (§ 804 ZPO.; RG. 60, 72). Allein die Zwangsvollstreckung in die dem Gläubiger eigene Sache, gleichviel ob sie wegen des für diese Sache geschuldeten Kaufpreisrestes oder wegen einer anderen Forderung betrieben wird, kann vom Gerichtsvollzieher nicht abgelehnt werden (RG. 79, 244) und sie besteht der Form nach mit der Wirkung der Verstrickung zu Recht (Rühl 175; Stein-Jonas Bem. II, 4 zu § 804 ZPO.; BayZ. 1932, 181 München; Jacusiel 68), bis sie auf Einwendung des Schuldners (§ 766 ZPO.) beseitigt wird. Auf die Einwendung des Schuldners ist die Pfändung

[1]) Je nach Lage der Sache wird der Verkäufer leichter als durch Pfändung durch Geltendmachung des Schadenersatzanspruchs wegen Nichterfüllung zum Ziel kommen s. unten S. 48).

als unzulässig aufzuheben (RG. 79, 244; OLG. 18, 400 München); das gilt allerdings nur insolange, als der Vorbehaltverkäufer die Erfüllung des Vertrages verlangt; denn so lange wird durch die Pfändung das Eigentumanfallrecht, aber auch das Besitz- und Benutzungsrecht des Käufers beeinträchtigt. Deshalb hat der Käufer auch ein rechtliches Interesse daran, daß die Sache nicht gepfändet wird (a. M. Jacusiel 68; OLG. 27, 173 Celle; vgl. Stein-Jonas Anm. 36 zu § 766).

Wird die Sache auf Betreiben des Vorbehaltverkäufers versteigert, so liegt darin dessen Verzicht auf sein Eigentum eingeschlossen (Rühl 183; JW. 1929, 3193 LG. Düsseldorf; Etzold JW. 1930, 2084; a. M. dagegen Jacusiel 69). Erklärt der Verkäufer, der die Erfüllung des Vertrags verlangt, ausdrücklich, daß er durch die von ihm betriebene Versteigerung auf sein Eigentum nicht verzichten wolle, so handelt er durch die Versteigerung vertragswidrig (vgl. RG. 71, 189; Rühl 212; Etzold JW. 1930, 2083 mit Nachw. und dagegen Jacusiel 70).

Die vom Vorbehaltverkäufer durchgeführte Vollstreckung (sei es durch Versteigerung oder durch anderweitige Verwertung nach § 825 ZPO.) führt jedenfalls zur Befriedigung des Gläubigers, wenn sich der Schuldner nicht rührt (JW. 1931, 2138 KG.; Schultz, JW. 1931, 2745). Macht der Schuldner Einwendungen und verzichtet hierauf der Gläubiger auf sein Eigentum, so erstarkt die Verstrickung zum Pfändungspfandrecht, das auch jedem Dritten gegenüber rückwirkende Kraft hat (RG. 79, 245; Staub-Pinner Anm. 68 zu § 382). Vor der Verzichterklärung wird der Eigentümer aber sorgfältig zu prüfen haben, ob die Sache nicht unpfändbar ist (§ 811 ZPO.)[1]) oder gleichzeitig mit dem Verzicht von dem konkurrierenden Vermieterpfandrecht erfaßt wird.

Der Vorbehaltkäufer erwirbt vor dem Eigentumerwerb des Pfändungspfandgläubigers mindestens in einem Augenblick das Eigentum an der Sache, weil in der Versteigerung der Verzicht auf das Eigentum stillschweigend eingeschlossen ist (Etzold JW. 1930, 2083; Rühl 183; vgl. oben S. 41). Diese Ansicht wird zwar von Spiro, JW. 1932, 152 in Anlehnung an JW. 1931, 2138 KG.; ferner von Jacusiel 69 mit beachtlichen Gründen bekämpft; man muß aber mit ihr rechnen.

Über die Frage, ob in den dem Abzahlungsgesetze unterliegenden Fällen die Pfändung der Sache durch den Vorbehaltverkäufer den Rücktritt bedeutet, s. unten S. 69.

Von der Zulässigkeit der Pfändung ist die Frage zu unterscheiden, ob der Eigentümer, der sein Eigentum pfändet, schon hiedurch auf das Eigentum verzichtet. Die Rechtsprechung verlangt den Nachweis besonderer Umstände, aus denen dieser Verzichtwille erkennbar zum Ausdruck

[1]) Solange der Verkäufer vom Vertrag nicht zurückgetreten ist, kann der Einwendung des Schuldners, daß die Sache für ihn unentbehrlich sei, die Einrede der Arglist nicht entgegengehalten werden (BayZ. 1932, 182 München; HRR. 1932, Nr. 1170 Stuttgart). Nach dem Rücktritt des Verkäufers greift dagegen die Einrede der Arglist durch (BayZ. 1929, 349 München; Ruchmann JW. 1930, 1090).

kommt (RG. 66, 349; 79, 246; JW. 1931, 3583 LG. Berlin I; Staub-Pinner Anh. zu § 382 Bem. 66; Staudinger Bem. 4 zu § 455).

Aber der Verzicht ist stillschweigend in der auf Betreiben des Vorbehaltverkäufers erfolgten Versteigerung mit Wirkung von dem Zeitpunkt an eingeschlossen, in welchem der Versteigerungserlös an den Pfändungspfandgläubiger abgeliefert wird, wenn sie wegen der für diese Sache geschuldeten Kaufpreisforderung erfolgt (vgl. Spiro, JW. 1932, 151; Etzold, JW. 1930, 2084). Bringt der Vorbehaltverkäufer zum unzweideutigem Ausdruck, daß er nicht verzichte, so ist er nach der herrschenden Ansicht dem Vorbehaltkäufer nach § 325 BGB. schadenersatzpflichtig (Rühl 212, s. dagegen Etzold, JW. 1932, 152).

IV. Der Zuschlag bei Versteigerung eines Grundstückes erstreckt sich auf die im Besitz des Schuldners befindliche Eigentumvorbehaltssache, wenn der Sache der tatsächliche Charakter eines Zubehörstückes des Grundstückes zukommt (§ 55 Abs. 2 ZwVG., s. oben S. 27).

§ 9.

Rücktritt und Schadenersatzanspruch des Verkäufers wegen Nichterfüllung.

I. Rücktritt.

Im Zweifel ist anzunehmen, daß der Verkäufer zum Rücktritt (§ 349 BGB.) vom Vertrag berechtigt ist, wenn der Käufer mit der Zahlung der durch den EV. gesicherten Forderung[1]) (s. oben S. 9) in Verzug kommt (§ 455 BGB.), und zwar ohne weiteres, also ohne vorherige Fristsetzung (Recht 1928 Nr. 2096; RG. 66, 349).

1. Für die Frage, ob und wann Verzug eintritt, sind die §§ 284, 285 BGB. maßgebend. Nach § 285 BGB. kommt der Schuldner nicht in Verzug, solange die Leistung infolge eines Umstands unterbleibt, den er nicht zu vertreten hat. Verschulden des Schuldners ist also gesetzliche Voraussetzung des Verzugs. Da bei Gattungsschulden der Schuldner sein Unvermögen zur Leistung auch dann zu vertreten hat, wenn ihm ein Verschulden nicht zur Last fällt, so wird der Verzug des Schuldners nicht dadurch ausgeschlossen, daß ihm ohne sein Verschulden die zur Zahlung erforderlichen Mittel fehlen (RG. 75, 335). Krankheit oder unverschuldete Arbeitslosigkeit können daher keine Ausnahme begründen (Lechner 12; a. M. Samter 5). Das gilt auch dann, wenn der Vorbehaltverkäufer bei Abschluß des Vertrags damit rechnete, daß der Schuldner die vereinbarten Ratenzahlungen nur aus seinem Lohn zahlen könne (a. M. AG. Pirmasens 17. 5. 1932 A 1775/32). Denn das Risiko des Lohnverlustes muß der Käufer tragen, nicht der Verkäufer. Das Wesen

[1]) Hat der Verkäufer nicht nur für den Kaufpreis der Vorbehaltsache, sondern auch für eine andere Forderung den EV. bedungen, so kann er auch nach Zahlung des Kaufpreises wegen Verzugs des Käufers mit der Erfüllung der anderen Forderung zurücktreten (Stulz 52; unrichtig Jacusiel 47).

des Vorbehaltkaufes besteht darin, daß der Verkäufer den Kaufpreis kreditiert, weil er durch die Sache gesichert ist. Es kann ihm nicht zugemutet werden, die Weiterbenutzung und damit die Entwertung der Sache zu dulden, obwohl keine Zahlungen mehr geleistet werden.

Dagegen ist allgemeiner Stillstand des Zahlungsverkehrs als höhere Gewalt zu werten (Lechner 12).

2. Für die Erklärung des Rücktritts ist an sich keine Frist gesetzt; Treu und Glauben erfordern jedoch, daß die Erklärung nicht ungebührlich verzögert wird, widrigenfalls Verwirkung angenommen werden kann (vgl. RG. 107, 109). Eine solche Verwirkung wird im Zweifel auch durch vorbehaltlose Annahme einer unzureichenden Teilzahlung herbeigeführt; das Rücktrittsrecht kann dann erst wieder ausgeübt werden, wenn der Schuldner bei Fälligkeit einer neuen Rate nicht zahlt (Hörle, Gruchot 55, 188; vgl. SA. 57, 53 RG.).

Der Käufer kann dem Rücktrittsberechtigten für die Ausübung des Rücktrittsrechts eine angemessene Frist setzen, mit deren Ablauf das Rücktrittsrecht erlischt (§ 355 BGB.).

Das Rücktrittsrecht kann nur einheitlich für den ganzen Vertrag ausgeübt werden. Wenn der Vertrag mehrere Gegenstände umfaßt, so ist der Verkäufer nicht befugt, nur in Ansehung einzelner Gegenstände zurückzutreten (Hörle, Gruchot 55, 188). Eine solche beschränkte Rücktrittserklärung ist unwirksam.

Nur dann, wenn vereinbart ist, daß der EV. an einer von mehreren verkauften Sachen durch Zahlung des entsprechenden Teiles des Kaufpreises erlischt (s. oben S. 18), ist ein Teilrücktritt hinsichtlich der übrigen Sachen zulässig (vgl. Lechner 12).

Der Rücktritt erfolgt durch einseitige, empfangsbedürftige, unbedingte Willenserklärung (§ 349 BGB.); die Erklärung muß also den sämtlichen Vertragsgegnern (z. B. allen Erben des Käufers) zugehen (§ 356 BGB.). Der Rücktritt kann wirksam auch durch Zustellung eines Prozeß-Schriftsatzes erklärt werden (RG. 53, 148). Die Erklärung ist unwiderruflich (LZ. 1911, 698 RG.).

Bei den vom Abzahlungsgesetz erfaßten Fällen ist unentrinnbar in der Rückforderung der Kaufsache die Rücktrittserklärung eingeschlossen (s. hierüber unten S. 68), in den anderen Fällen kann dies unter Umständen angenommen werden (s. hierüber oben S. 16 ff.).

Der Rücktritt des Verkäufers wird nicht dadurch ausgeschlossen, daß der Käufer die unter EV. gelieferten Waren nicht mehr zurückgeben kann, weil er an diesen Waren oder einem Teil das Eigentum durch befugte oder unbefugte Veräußerung an einen gutgläubigen Dritten verloren hat (Cohn JW. 1932, 147).

Der Rücktritt erfaßt den ganzen Vertrag, der durch den Rücktritt ex tunc aufgelöst wird (§ 346 BGB.). Die Wirkung des Vertrags wird auch für die Vergangenheit beseitigt, so daß der rechtliche Grund für die bisher gemachten Leistungen wegfällt (§ 812 Abs. 1 Satz 2 BGB.). Pfandrechte und Bürgschaften werden frei, wenn sie nicht ausdrücklich auch für die Verpflichtungen aus dem Rücktritt bestellt sind (Lechner 13). An Stelle des beseitigten Vertrags tritt das gegenseitige Schuldverhältnis der §§ 346ff. BGB. (RG. 71, 277). Wird nach dem Rücktritt der Vertrag vom Vertragsgegner weiter erfüllt und diese Erfüllung ohne Vorbehalt angenommen, so liegt hierin eine stillschweigende Wiederherstellung des alten Vertrags; das gilt selbst dann, wenn ein rechtskräftiges Urteil auf Herausgabe auf Grund des Rücktritts vorliegt. Der Rücktrittsgegner hat die Vollstreckungsgegenklage (Lechner 14).

Vom Rücktritt ist die vereinbarte Auflösung des Vertrags mutuus dissensus zu unterscheiden. Die Wirkungen dieser Vertragsauflösung sind grundverschieden von den Wirkungen des Rücktritts, auch des vom Gegner ausdrücklich anerkannten Rücktritts. Auf die vereinbarte Auflösung eines Vertrags sind die §§ 346 ff. BGB. nicht anwendbar (WarneyerE. 1920 Nr. 70; OLG. 33, 236 München). Einigt sich der Vorbehaltverkäufer mit dem Käufer, daß er den beim Käufer noch vorhandenen Rest der Waren zurücknimmt, so ist von da ab das Schuldverhältnis hinsichtlich dieses Teils der Waren erloschen[1]). Das gleiche gilt, wenn Verkäufer und Käufer mit Rücksicht auf den Verzug des Käufers übereinkommen, daß der Verkäufer den noch nicht gelieferten Teil der bestellten Ware behalten soll (Jaeger, KonkuTrW. 1927, 17f.; Levy JHK. 156f.).

3. Die Folge des Rücktritts ist Ausschluß jedes Anspruchs aus dem Vertrag (RG. 61, 130; 67, 317; 85, 282); der Vertrag ist ex tunc beseitigt. An dessen Stelle entsteht das neue gegenseitige Rechtsverhältnis aus dem Rücktritt. Hiernach haben die Vertragsteile einander die empfangenen Leistungen nach §§ 346—358 BGB. zurückzugewähren (RG. 119, 68) und zwar Zug um Zug (§ 348 BGB.; vgl. Mentzel Bem. 6 zu § 43 KO.).

Im Fall der schon vor dem Rücktritt eingetretenen Unmöglichkeit der Rückgewähr einer empfangenen Leistung hat der Rückgewährpflichtige den Wert der Leistung zu ersetzen (JW. 1911, 756 RG.; Staudinger Bem. II 2; RGR. Bem. 4 zu § 346; a. M. Lechner 19). Somit muß der Käufer, wenn er die ihm unter EV. gelieferten Waren ohne sein Verschulden nicht zurückgeben kann, den gemeinen Wert ersetzen, den sie zur Zeit des Rücktritts hatten oder gehabt hätten, nicht etwa den entsprechenden Rechnungsbetrag, wie Cohn JW. 1932, 147 meint; denn damit würde dem Verkäufer ein Schadenersatzanspruch zugebilligt, der ihm nicht zusteht (so richtig Cohn a. a. O.). Kann aber der Käufer die Sache deshalb nicht zurückgeben, weil er sie unbefugt (s. oben S. 19) weiterveräußert hat, so ist er schadenersatzpflichtig; denn dann greift § 347 BGB. ein, wonach der Rückgabepflichtige schadenersatzpflichtig ist, falls die Herausgabe durch einen von ihm zu vertretenden Umstand herbeigeführt ist und zwar auch dann, wenn dieser Um-

[1]) Anders, wenn sich der Verkäufer den Anspruch auf Schadenersatz wegen Nichterfüllung vorbehalten hat, was im Zweifel nicht anzunehmen ist.

stand schon vor dem Rücktritt eingetreten ist (§ 989 BGB.; Staudinger Bem. I 1 zu § 347).

Wenn der Verkäufer mit Erfolg einen Widerspruchsprozeß geführt hat, weil die Sache von einem Gläubiger des Käufers bei diesem gepfändet wurde, so hat der Käufer dem Verkäufer, der die Kosten dieses Prozesses nicht beitreiben konnte, diese Kosten gegen Abtretung der Kostenerstattungsforderung zu ersetzen. Denn da diese Kosten dadurch entstanden sind, daß die Sache infolge des Vorbehaltkaufes dem Käufer überlassen und damit dem Zugriff seiner Gläubiger preisgegeben wurde, so ist die Führung des Prozesses durch den Verkäufer als eine Leistung (§ 346 BGB.) an den Käufer zu erachten. Auch als Verwendung auf die Sache (§ 347 BGB.) kann man die Prozeßführung auffassen. Bei den dem Abzahlungsgesetz unterliegenden Fällen ist die Ersatzpflicht schon deshalb begründet, weil die Kosten eines Interventionsprozesses zu den infolge des Vertrags gemachten Aufwendungen (§ 2 AbzG.) zu rechnen sind. Denn nur infolge des Vertrags (Übergabe der Sache an den Käufer) wurde die Prozeßführung herbeigeführt (Lechner 16; a. M. Hörle 202; Samter 39; Crisolli, Abzahlungsgeschäfte 144).

Nach dem Rücktritt hat zwischen dem Verkäufer und dem Käufer eine Auseinandersetzung nach §§ 346ff. stattzufinden, bei welcher einerseits die vom Käufer geleistete Anzahlung (§ 346 Satz 1 BGB.) andererseits die während seiner Besitzzeit gezogenen Nutzungen (§ 346 Satz 2 BGB.) und die von ihm zu vertretende Verschlechterung der Sache (§ 347 BGB.) in Rechnung zu stellen sind (vgl. JW. 1907, 315 RG.). Verbleibt hiebei zugunsten des Käufers ein Überschuß, so hat er hiewegen ein Zurückbehaltungsrecht an der Kaufsache.

Für den Ersatz der bis zum Rücktritt gezogenen Nutzungen und der bis dahin eingetretenen Verschlechterungen sind die §§ 346, 347 BGB. maßgebend. Für die Zeit nach dem Rücktritt sind hinsichtlich der Nutzungen die §§ 992, 987 BGB., hinsichtlich einer Verschlechterung die §§ 994 Abs. 2, 996, 1000—1003 BGB. maßgebend.

II. Schadenersatz. Der Verkäufer hat aber in den vom Abzahlungsgesetz nicht erfaßten Fällen (s. oben S. 1 ff.)[1]) das Recht, an Stelle des Rücktritts Schadenersatz wegen Nichterfüllung nach Maßgabe des § 326 BGB. (also vorherige Fristsetzung) zu verlangen. Macht er von diesem Recht Gebrauch, so kann er die Vorbehaltsache zurückfordern; er hat nicht die empfangenen Zahlungen, sondern nur die Bereicherung herauszugeben, sofern der Wert der Sache zur Zeit der Herausgabe den noch rückständigen Kaufpreis übersteigt (vgl. RG. 7, 150; JW. 1905, 18; 1907, 315 RG.; vgl. Staub-Pinner Anm. 64 Anh. zu § 382).

Der Schadenersatzanspruch wegen Nichterfüllung ist unter Umständen der einfachste Rechtsbehelf, um den Verkäufer vor Schaden zu bewahren. Denn in jedem Fall ist er für seine Vertragsansprüche

---

[1]) Nach § 5 AbzGes. gilt Ablehnung der Erfüllung (§ 326 BGB.) ohne weiteres als Rücktritt.

durch den Wert der Sache, die sein unbestreitbares, dem Vermieterpfandrecht entrücktes Eigentum ist, gesichert. Er kann die Herausgabe der Sache verlangen (JW. 1932, 1204 RG. und 1657). Der Übergang vom Schadenersatzanspruch zum Rücktritt ist jederzeit zulässig (JW. 1932, 1204, RG.). Freilich darf nicht übersehen werden, daß der Verkäufer mit seinem durch die Sache nicht gedeckten Schadenersatzanspruch an einem etwaigen späteren Vergleichsverfahren des Käufers beteiligt ist (s. unten S. 51 mit 58).

§ 10.
Der Eigentumvorbehalt im Konkurs.

I. Aussonderung.

1. Die Konkursmasse umfaßt nur Vermögen des Gemeinschuldners. Gegenstände, die nicht Eigentum des Gemeinschuldners sind, gehören nicht zur Masse; sie werden vom Konkursverfahren überhaupt nicht betroffen und sind daher aus der Masse auszusondern. Im Konkurs des Käufers büßt der EV. seine Wirkung nicht etwa durch § 26 KO. ein (RG. 46, 99; 56, 241). Der Verkäufer hat also den Aussonderungsanspruch[1]). Wenn der Konkursverwalter den Gegenstand zur Masse zieht, hat der Eigentümer seinen Eigentumanspruch gegen den Verwalter, andernfalls gegen den Gemeinschuldner selbst geltend zu machen.

Beim EV. liegt die Sache so, daß die Kaufsache dem Käufer zum Besitz und zur Benützung übergeben wird und der Käufer das unentziehbare Eigentumanfallrecht hat. Diese Rechte gehören zum Vermögen des Gemeinschuldners und somit zur Masse.

Verlangt der Vorbehaltverkäufer die Herausgabe, so liegt hierin in den dem AbzG. unterworfenen Fällen nach zwingender Vorschrift des § 5 AbzG. die einseitig wirksame, unwiderrufliche Rücktritts-Erklärung (s. unten S. 68) und in den übrigen Fällen kann dies unter Umständen angenommen werden (s. oben S. 16 ff.).

Das hindert die Geltendmachung des Aussonderungsanspruchs nicht; nur darf er nicht die Herausgabe der Sache bezielen, sondern ist auf Anerkennung (Feststellung) des Eigentums und gegebenenfalls auf Unterlassung einer unzulässigen Benützung und Verwertung der Sache für die Masse zu beschränken. Das ist auch mit einem Abzahlungsgeschäft durchaus vereinbar (Jaeger Anm. 15 zu § 26; vgl. Mentzel Bem. 6 zu § 43 KO.; Bleyer Anm. 3c zu § 26 KO.; JW. 1906, 437 RG.). Der Verkäufer kann, wenn der Konkursverwalter die Erfüllung wirksam abgelehnt hat (§ 17 KO.; s. unten S. 55), seine volle Kaufpreisforderung im Konkurs geltend machen; er bleibt für seinen Ausfall durch den EV. geschützt (§ 164 KO.; Jaeger Anm. 15 zu § 26; Bleyer Bem. 4 zu § 43 KO.; Mentzel Bem. 6 zu § 43 KO.). Anders liegt der Fall, wenn der

---

[1]) Der Aussonderungsanspruch kann auf Grund des Eigentums, aber auch als obligatorischer Herausgabeanspruch erhoben werden. Der Verkäufer muß im letzten Fall sein Eigentum nicht beweisen.

Verkäufer auf Grund einer Vereinbarung mit dem Konkursverwalter die noch vorhandenen Warenbestände zurückgenommen hat (s. hierüber oben S. 47).

Der Gerichtsstand für die Aussonderungsklage richtet sich nach den §§ 12ff. ZPO.; also auch nach dem vertraglichen Erfüllungsort (JW. 1894, 181; OLG. 13, 78; vgl. Jaeger Anm. 58; Bley 4c zu § 43).

2. Ersatz-Aussonderung. § 46 KO. bestimmt:

„Sind Gegenstände, deren Aussonderung aus der Konkursmasse hätte beansprucht werden können, vor der Eröffnung des Verfahrens von dem Gemeinschuldner oder nach der Eröffnung des Verfahrens von dem Verwalter veräußert worden, so ist der Aussonderungsberechtigte befugt, die Abtretung des Rechts auf die Gegenleistung, soweit diese aussteht, zu verlangen. Er kann die Gegenleistung aus der Masse beanspruchen, soweit sie nach der Eröffnung des Verfahrens zu derselben eingezogen ist."

Soweit die Veräußerung vor Konkurseröffnung in Betracht kommt, bezieht sich § 46 KO. nur auf eine unbefugte Veräußerung des Gemeinschuldners (RG. 115, 262; JW. 1926, 2102 Celle), also nicht auf eine nach dem Vertrag zulässige (s. oben S. 18) Weiterveräußerung. Die Weiterveräußerung durch den Konkursverwalter ist dem Vorbehalteigentümer gegenüber stets unbefugt; denn es liegt in der Natur der Sache, daß die Erlaubnis zur Weiterveräußerung mit der Konkurseröffnung hinfällig wird (§ 157 BGB.; Stulz 65).

Der Ersatzaussonderungsanspruch erstreckt sich auf die ganze noch ausstehende Forderung aus der Weiterveräußerung. Bringt der Vorbehaltverkäufer einen höheren Betrag herein, als der Rückstand aus dem Vorbehaltkauf ausmacht, so hat er den Überschuß an den Verwalter zurückzugewähren (vgl. RG. 115, 262).

War vereinbart, daß die dem Gemeinschuldner durch die befugte Weiterveräußerung erwachsende Kaufpreisforderung seinem Lieferanten zur Sicherheit zustehen soll, so kann dieser zwar nicht Aussonderung, aber Absonderung beanspruchen (Jaeger, KonkuTrW. 1930, 18; vgl. RGK. Bem. 2 Abs. 3 zu § 398 und oben S. 24).

Wenn der Gemeinschuldner die Forderung schon eingezogen hatte, hat der Lieferant nur eine einfache Konkursforderung (RG. 66, 390, 94, 25 und 307).

Ein nach dem Gesetz nicht bestehender Ersatzaussonderungsanspruch kann aus einer hierauf gerichteten Vereinbarung nicht abgeleitet werden (Rühl 161).

II. Das Wahlrecht des Konkursverwalters bei beiderseits nicht erfüllten zweiseitigen Verträgen.

Wenn zur Zeit der Eröffnung des Verfahrens ein zweiseitiger Vertrag von beiden Teilen noch nicht vollständig erfüllt ist, so hat der

Verwalter das Wahlrecht, ob er den Vertrag erfüllen oder die Erfüllung ablehnen will (§ 17 KO.).

1. Rechtsbestand des Vertrags bei Eröffnung des Verfahrens.

In erster Linie kommt es darauf an, ob der Vertrag bei Eröffnung des Verfahrens noch besteht. Hatte schon vorher der Vorbehaltverkäufer den Rücktritt vom Vertrag erklärt, so ist damit jeder Anspruch aus dem Vertrag endgültig und unwiderruflich ausgeschlossen (s. oben S. 47). Es tritt jedoch an die Stelle des Vertrags das durch den Rücktritt begründete gegenseitige Rechtsverhältnis, wonach die beiderseitigen Leistungen Zug um Zug zurückzuvergüten sind (§§ 346ff. BGB.; § 3 AbzG.). Auf dieses Rechtsverhältnis ist § 17 KO. anzuwenden (Mentzel Bem. 1 zu § 17 KO.; Kiesow Anm. 15 zu § 4; Orgler, JHK. 156; Jaeger Anm. 19 zu § 17; a. M. Cohn, JW. 1932, 147 u. Nachweise). Gewiß beruhen die gegenseitigen Ansprüche aus dem Rücktritt auf dem Gesetz (§§ 346ff. BGB.), also nicht auf dem Vertrag, der ja durch den Rücktritt ex tunc beseitigt ist. Aber da das Rücktrittsrecht selbst im Vertrage seine Grundlage hat, beruhen auch die Ansprüche aus dem Rücktrittsverhältnis mittelbar auf dem Vertrag. Das Rücktrittsrecht selbst besteht auch beim Kauf unter EV. auf dem von § 455 BGB. im Zweifel unterstellten Vertragswillen.

Das gleiche gilt, wenn die Wandlung des Kaufvertrags vollzogen ist (§ 465 BGB.) für die gegenseitigen Verpflichtungen des Verkäufers und Käufers (Mentzel Bem. 1 zu § 17 KO.).

Wenn schon vor Konkurseröffnung ein Vertragsteil zum Anspruch auf Schadenersatz wegen Nichterfüllung (§ 326 BGB.) rechtswirksam[1]) übergegangen ist, so besteht zwar der Vertrag noch, aber nach der Differenztheorie (RG. 50, 262; 57, 106; 61, 351; 83, 281; 102, 62; 127, 248; vgl. Hubernagel, Gruchot 72, 157) ist an die Stelle der vertragsmäßig geschuldeten Leistungen beider Teile der auf Geld gehende Anspruch des Ersatzberechtigten auf Ersatz seines Schadens getreten, seine Pflicht zur Gegenleistung ist nur ein Posten für die Schadenberechnung. Es besteht nur eine einseitige Forderung. (Bleyer Anm. 3b zu § 17 KO.; vgl. Jaeger Anm. 35 zu § 17 KO.; Staub-Pinner Bem. 79 Anh. zu § 382 HGB.; a. M. Levy, JHK. 156 unter Bezugnahme auf RG. 112, 54). Die Anwendbarkeit des § 17 KO. ist ausgeschlossen, weil der Ersatzberechtigte (Verkäufer) die ihm aus dem Vertrag erwachsenen Verpflichtungen durch Verrechnung vollständig erfüllt hat. Dabei bleibt es auch, wenn der Ersatzberechtigte nach der Konkurseröffnung vom Anspruch auf Schadenersatz wegen Nichterfüllung übergeht zum Rücktritt vom Vertrag. Dies ist an sich zulässig (RG. 85, 282; 107, 348; 109, 184; LZ. 1924, 232 RG. JW., 1932,

[1]) Die etwa nach § 326 BGB. erforderliche Frist muß vor Konkurseröffnung abgelaufen sein. Wenn sie noch nicht abgelaufen war, wird die Fristsetzung hinfällig (§ 6 KO.; Bleyer Bem. 3b Abs. 2 zu § 17; vgl. aber auch Jaeger Anm. 35 zu § 17).

1656 RG.), sofern nicht infolge der Verzögerung das Rücktrittsrecht als verwirkt zu betrachten ist (RG. 107, 109). Es kann aber hiedurch an der Tatsache nichts geändert werden, daß bei Eröffnung des Verfahrens Ansprüche aus dem noch gar nicht erklärten Rücktritt nicht bestanden, sondern nur die einseitige Forderung auf Schadenersatz wegen Nichterfüllung.

2. Beiderseitige vollständige Erfüllung.

Für die Frage, ob beide Vertragsteile „den Vertrag" vollständig erfüllt haben, ist das ganze durch einen und denselben Vertrag begründete Rechtsverhältnis als einheitlicher Vertrag zu behandeln. Deshalb ist ein Sukzessivlieferungsvertrag noch nicht vollständig erfüllt, wenn nur noch eine einzige Teillieferung zu liefern und abzunehmen ist (RG. 85, 222; 98, 137; JW. 1930, 2782 RG.). Gas-, Elektrizitäts- und Wasser-Lieferungsverträge sind einheitliche Dauerverträge im Sinne des § 17 KO., § 4 VglO. (JW. 1931, 2169 Köln mit Nachweisen; KonkuTrW. 1931, 138 KG.; 1931, 136 Düsseldorf; a. M. Jaeger Anm. 18 a zu § 17). Wenn aber mehrere Lieferungsverträge in rechtlicher Unabhängigkeit von einander geschlossen sind, so ist jeder Vertrag selbständig auch dann zu beurteilen, wenn der spätere Vertrag auf die Lieferungsbedingungen des früheren verweist.

Wenn vor Eröffnung des Verfahrens ein Vorvertrag geschlossen war, durch den sich der Gemeinschuldner zum Abschluß einer Reihe von Kaufverträgen mit dem Vertragsgegner (Gläubiger) verpflichtet hat, so sind die einzelnen im Rahmen des Vorvertrags geschlossenen Kaufverträge selbständig zu beurteilen (Recht 1930 Nr. 671 RG.).

Wenn zwei an sich selbständige Verträge geschlossen sind, die nur infolge der Vereinbarung zusammenhängen, daß die Bezahlung des Kaufpreises aus dem einen Geschäft Vorbedingung für die Lieferung der auf Grund des anderen Geschäfts geschuldeten Waren sein soll, so sind diese beiden Verträge nicht als einheitlicher Vertrag zu beurteilen (OLG. Augsburg 19. 11. 31, II L 204/31).

Erfüllt ist eine aus dem Vertrag geschuldete Leistung, wenn sie so, wie sie geschuldet wird, an den Gläubiger bewirkt ist (§ 362 BGB.), oder der Gläubiger eine andere als die geschuldete Leistung an Erfüllungsstatt angenommen hat (§ 364 BGB.) oder der Schuldner den Gegenstand der Leistung nach § 378 BGB. hinterlegt, oder der Schuldner gegen die Forderung mit einer Gegenforderung wirksam aufgerechnet hat (§ 389 BGB.) oder dem Schuldner die Leistung erlassen ist (§ 397 BGB.). Annahmeverzug des Gläubigers (§ 293 BGB.) läßt die Leistungspflicht des Schuldners unberührt, verpflichtet aber den Gläubiger zum Ersatz der hiedurch verursachten Mehraufwendungen des Schuldners (§ 304 BGB.); solange der Gläubiger diesen Ersatz nicht geleistet hat, hat er den Vertrag nicht vollständig erfüllt.

Aus welchem Grunde, ob verschuldet oder unverschuldet nicht erfüllt wurde, ist gleichgültig (RG. 85, 404).

Der Erfüllung steht gleich, wenn der Anspruch auf Leistung verjährt ist (§ 194 BGB.). Der EV. geht aber nicht unter. (S. oben S. 33). Leistung auf Grund vorläufig vollstreckbaren Urteils oder Vorbehalturteil ist Erfüllung (RG. 85, 219).

a) Der Käufer hat den Vorbehaltvertrag vollständig erst dann erfüllt, wenn er den gesamten Kaufpreis einschließlich der Nebenforderungen restlos bezahlt (s. oben S. 9) und die sämtlichen nach dem Vertrag (vgl. oben, Sukzessivlieferungsvertrag) zu liefernden Gegenstände restlos abgenommen hat (§ 433 Abs. 2 BGB.). Auf die Geringfügigkeit des Rückstandes kommt es nicht an (Mentzel Bem. 2 zu § 17 KO.; Cohn, JW. 1932, 150; JW. 1931, 2167 Dresden).

b) Der Verkäufer hat den Vertrag erst dann erfüllt, wenn er die sämtlichen nach dem Vertrag zu liefernden Gegenstände in vertragsmäßiger Beschaffenheit dem Käufer übergeben und ihm das Eigentum hieran frei von Rechten Dritter verschafft hat (§ 433 Abs. 1 mit §§ 459 ff. und § 434 BGB.). Wenn also die Kaufsache mit sachlichen Mängeln behaftet ist, die der Verkäufer zu vertreten hat, und wenn die hiedurch begründeten Ansprüche des Käufers (§§ 459 ff.) noch nicht verjährt sind (§§ 477, 490 BGB.), hat der Verkäufer noch nicht vollständig erfüllt (RG. 52, 355; 53, 92; 57, 399). Er hat gleichfalls nicht vollständig erfüllt, solange die Sache mit Rechten (Eigentum oder Pfandrecht) Dritter belastet ist, wenn der Käufer diese Rechte Dritter gegen sich gelten lassen muß. Das ist nicht der Fall, wenn er sich auf § 932 BGB. (s. oben S. 37) berufen kann. Die Verpflichtung, dem Käufer die Sache frei von Rechten Dritter zu verschaffen, muß schon zur Zeit der Übergabe erfüllt werden (Rühl 193, Jacusiel 39 gegen RG. 83, 214 und die herrschende Meinung).

Beim Kauf mit EV. hat der Verkäufer nach der herrschenden Meinung die ihm nach § 433 BGB. obliegende Verpflichtung, dem Käufer das Eigentum zu verschaffen, insolange noch nicht vollständig erfüllt, als die Bedingung, von deren Eintritt der Eigentumübergang abhängig ist (restlose Zahlung), noch nicht eingetreten ist (RG. 64, 204; 66, 347; 85, 402; 95, 105; 133, 40).

Die herrschende Meinung wird lebhaft und mit verschiedenartiger Begründung bekämpft (Oertmann LZ. 1927, 10; Rühl 205; Merkel JW. 1931, 2088 f. und Nachweise 1932, 158). Der herrschenden Meinung ist beizupflichten. Aber sie kann nicht damit begründet werden, daß der Verkäufer nach der bedingten Übereignung noch Handlungen vornehmen müsse, um dem Käufer das unbedingte Eigentum zu verschaffen. Denn der Verkäufer hat durch die Übergabe den Käufer in den Stand gesetzt, sich das volle Eigentum selbst zu verschaffen (s. oben S. 36).

Auch damit ist die herrschende Meinung nicht zu begründen, daß der Verkäufer Eigenbesitzer bleibt und der Käufer unter Umständen trotz Aufrechthaltung des Vertrags zur Herausgabe verpflichtet ist (a. M. Jacusiel 41) und daß der Verkäufer zur Besichtigung der Sache berechtigt ist (§ 809 BGB.). Denn hieraus erwachsen dem Verkäufer nur Rechte, keine Erfüllungspflicht.

Ebensowenig ist die herrschende Meinung damit zu rechtfertigen, daß bei Unmöglichkeit des Eigentumübergangs die Vorschriften über Unmöglichkeit der Leistung (§§ 323ff. BGB.) anzuwenden sind (a. M. Jacusiel 43); denn sie könnten eben nicht angewendet werden, wenn der Verkäufer vollständig erfüllt hätte.

Aber der Verkäufer bleibt nach der Übergabe verpflichtet, alles zu unterlassen, was den Übergang des Eigentums auf den Käufer hindern könnte. Dabei handelt es sich keineswegs um eine nur sekundäre Unterlassungspflicht (a. M. Rühl 195; Jacusiel 41).

Dazu kommt noch folgendes: Wird die Sache durch einen Dritten schuldhaft beschädigt oder steht dem Verkäufer wegen Beschädigung der Sache ein Versicherungsanspruch zu, so ist der Verkäufer verpflichtet nach Zahlung des Restkaufpreises dem Käufer den Schadenersatz (die Versicherungssumme) zu überlassen (s. oben S. 10 und S. 11). Solange der Käufer nicht im Verzug ist, obliegt dem Verkäufer die Verpflichtung, bei Pfändung durch Dritte auf Verlangen des Käufers zu intervenieren (s. oben S. 15). Das sind weitere Beweise dafür, daß der Verkäufer mit der Übergabe seine Leistungspflicht noch nicht vollständig erfüllt hat. Er bleibt bis zum Anfall des Eigentums an den Käufer in der Obligation.

Die Voraussetzungen des § 17 KO. sind hiernach beim Kauf mit EV. unter allen Umständen gegeben, wenn der Käufer bei Eröffnung des Verfahrens noch nicht restlos bezahlt hat (HRR. 1930 Nr. 1545 Hamburg).

Über die Rechtslage, wenn schon vor Eröffnung des Verfahrens ein Vertragsteil rechtswirksam den Rücktritt erklärt hat oder zum Schadenersatzanspruch wegen Nichterfüllung übergegangen ist (s. S. 50).

Wenn der EV. durch anderweitige Verfügung des Vorbehaltkäufers restlos — also z. B. durch Weiterveräußerung an einen gutgläubigen Dritten, durch Verbrauch, Verbindung oder Verarbeitung — weggefallen ist und keine andere Nebenleistung des Verkäufers aussteht, dann ist die Frage, ob der Verkäufer vollständig erfüllt hat, so zu behandeln, als ob der Käufer das Eigentum endgültig erworben hätte (vgl. Kiesow Anm. III, 1 zu § 4 VglO.; Cohn, JW. 1930, 2759; JW. 1904, 139 RG.; JW. 1926, 2115 Hamm; 1930, 1077; HRR. 1930 Nr. 1545, Hamburg; Samolewitz, JW. 1931, 2160; JW. 1931, 2186, LG. Gera).

Ist der EV. untergegangen, dem Verkäufer aber die durch Verarbeitung entstandene neue Sache zur Sicherheit übereignet oder ist ihm die Forderung aus der Weiterveräußerung zur Sicherheit abgetreten, so hat der Verkäufer bis zur Rückübertragung der Sicherheit an den Käufer den Vertrag noch nicht völlig erfüllt (Jacusiel 98 unter Berufung auf Rühl, LZ. 1913, 158 Anm. 23), weil der Verkäufer verpflichtet ist, nach seiner Befriedigung die übereignete Sache dem Käufer wieder rückzuübereignen.

3. Die Ausübung des Wahlrechtes des Konkursverwalters.

Der Konkursverwalter muß das ihm nach § 17 KO. zustehende Wahlrecht einheitlich für den ganzen Vertrag (s. oben S. 52) ausüben. Er kann also bei einem Sukzessivlieferungsvertrag nicht etwa nur die Erfüllung der noch ausstehenden Lieferungen verlangen und im übrigen den Eintritt in den Vertrag verweigern. Er verliert den Anspruch auf Erfüllung, wenn er auf Erfordern des anderen Teils nicht ohne Verzug erklärt, ob er die Erfüllung verlangen will. Bezieht sich seine Erklärung, daß er Erfüllung verlange, nicht auf den ganzen Vertrag, so verwirkt er das Recht auf Erfüllung (RG. 85, 221). Erklärt sich aber der Vertragsgegner mit einem solchen Verlangen des Verwalters auf beschränkte Erfüllung ausdrücklich oder stillschweigend einverstanden, so hat es dabei sein Bewenden, so daß der Gläubiger den Kaufpreis für die schon ausgeführten Lieferungen nur als einfache Konkursforderung geltend machen kann und die noch ausstehenden Lieferungen ausführen muß (vgl. Mentzel Bem. 4 zu § 17 KO. und das dort angeführte Urteil RG. 21. 12. 1906; vgl. unten S. 58).

4. Der Erfüllungsanspruch des Konkursverwalters.

Verlangt oder wählt der Konkursverwalter die Erfüllung, so ist er an diese Erklärung gebunden[1]). Er tritt hiedurch an Stelle des Gemeinschuldners in alle Rechte und Pflichten des Vertrags ein. Die Ansprüche des Vertragsgegners sind Masseansprüche (§ 59 Ziff. 2 KO.; RG. 77, 439; 84, 234), also auch die Gewährleistungsansprüche wegen sachlicher Mängel der Kaufsache (Levy, JHK. 151). Hat der Vertragsgegner bei einem Sukzessivlieferungsvertrag schon Teillieferungen gemacht, so ist auch der hierauf entfallende noch rückständige Kaufpreis Masseschuld (vgl. RG. 85, 222; 98, 137). Der Verkäufer kann aber infolge des Verzugs gleichwohl vom Vertrage zurücktreten (§ 455 BGB.; vgl. JW. 1907, 315). Hat der Verwalter im Konkurs des Käufers die Sache nach der Konkurseröffnung veräußert, so hat der Verkäufer Anspruch auf Ersatz des zur Masse gelangten Werts der Kaufsache (RG. 64, 338; JW. 1907, 315) und zwar als Masseschuld (§ 59 Nr. 1 KO., RG. 64, 338). Ist die unter EV. stehende Sache nach Eröffnung des Konkurses zwangsversteigert worden, so steht dem Verkäufer das Recht auf Ersatzaussonderung des Versteigerungserlöses nach Maßgabe des § 46 KO. zu. Daneben hat er den Bereicherungsanspruch als Massegläubiger gemäß § 59 Nr. 3 KO. (Mentzel Bem. 2 a. E. zu § 26 KO.).

5. Die Ablehnung der Erfüllung.

Lehnt der Konkursverwalter die Erfüllung ab, so wird hiedurch der Vertrag keineswegs aufgehoben; der Anspruch auf Erfüllung verwandelt

[1]) Über Anfechtung der Erklärung des Konkursverwalters wegen Irrtum vgl. RG. 62, 201; 85, 222; 98, 136; Mentzel Bem. 4 zu § 17 KO., Jaeger Anm. 30 zu § 17 KO.

sich lediglich in den Anspruch auf Schadenersatz wegen Nichterfüllung der noch ausstehenden Vertragspflichten (RG. 64, 207; 79, 211; 90, 220). Dabei bleibt es auch nach Aufhebung des Konkursverfahrens. Nur für die Zukunft ist der Erfüllungsanspruch erloschen; die bereits erfolgten Leistungen können daher nicht zurückgefordert werden. Damit ist ein späterer Rücktritt vom Vertrag unvereinbar und daher, wenn er erklärt werden sollte, unwirksam.

a) Im Konkurs des Käufers. Lehnt der Konkursverwalter die Erfüllung ab, dann braucht auch der Verkäufer nicht mehr zu erfüllen. Das Eigentumanfallrecht des Käufers ist erloschen. Der Verwalter muß die Sache herausgeben. Der Verkäufer kann also (auch in den Fällen, welche dem Abzahlungsgesetz unterliegen s. oben § 1), die Rückgabe der Sache (Aussonderung) verlangen (vgl. JW. 1894, 181; 1907, 315 RG.); die ihm geleisteten Abschlagszahlungen braucht er nicht zurückzuerstatten. Dem Konkursverwalter steht, falls der Wert der Sache den rückständigen Kaufpreis übersteigt, der Bereicherungsanspruch auf den Überschuß zu (JW. 1907, 315; Rühl 210; RG. 73, 58)[1]), während dem Verkäufer, wenn der Wert der Sache geringer ist als der Kaufpreisrest, der Anspruch auf die Differenz als einfache Konkursforderung zusteht.

Das Rücknahmerecht des Verkäufers besteht auch dann, wenn er die zur Teilzahlung gegebenen Wechsel eingeklagt und seine Kaufpreisforderung zum Konkurs angemeldet hat (Recht 1910 Nr. 3593).

b) Im Konkurs des Verkäufers. Lehnt der Verwalter im Konkurs des Verkäufers die Erfüllung ab, so muß der Käufer die um 10000 Mk. gekaufte Maschine zurückgeben, obwohl der Kaufpreis bei Konkurseröffnung bis auf 500 Mk. bezahlt war. Es steht ihm ein Schadenersatzanspruch wegen Nichterfüllung als einfache Konkursforderung zu (Jaeger Anm. 44 zu § 17). Ein Zurückbehaltungsrecht hat er nicht. Das Zurückbehaltungsrecht des § 273 Abs. 1 BGB. zieht im Konkurs überhaupt nicht. Das kaufmännische Zurückbehaltungsrecht (§§ 369, 370 HGB.), das an sich im Konkurs nach § 49 Z. 4 KO. wirksam ist, kann nicht geltend gemacht werden, da der Anspruch auf Rückzahlung erst durch die Ablehnung der Erfüllung, also nach der Eröffnung des Verfahrens, entstanden ist (Bendix, JW. 1930, 1362; Auerbach, JHK. 68). Der Käufer kann also weder die Rückgabe nach § 986 BGB. verweigern, noch ein Absonderungsrecht nach § 273 BGB., §§ 369, 370 HGB. mit § 49 Z. 4 KO. geltend machen (Schlotter, LZ. 1911, 49; vgl. RG. 90, 218). Auch mit der Einrede der Arglist wird der Käufer nicht durchkommen; denn der Verwalter macht von einem Recht Gebrauch, das ihm im öffentlichen Interesse zugunsten der Gesamtheit der Gläubiger eingeräumt ist.

---

[1]) Soweit für den Anspruch die Voraussetzungen der §§ 987 ff. BGB. gegeben sind, sind diese Vorschriften und nicht die §§ 812 ff. BGB. maßgebend (Recht 1932 Nr. 344 RG.).

Wenn der Wert der herausgegebenen Sache den rückständigen Kaufpreis übersteigt, so steht aber dem Käufer der Bereicherungsanspruch auf den Überschuß zu. Der Bereicherungsanspruch ist Masseanspruch, weil er erst nach Eröffnung des Verfahrens durch die Ablehnung der Erfüllung entstanden ist (Bendix, JW. 1930, 1362).

Trotz dieses Bereicherungsanspruchs kann der Schaden des Käufers noch groß genug sein.

§ 11.

Der Eigentumvorbehalt im gerichtlichen Vergleichsverfahren.

I. Aussonderung im Vergleichsverfahren des Käufers.

Durch die Eröffnung des Vergleichsverfahrens über das Vermögen des Käufers wird der EV. an einer ihm übergebenen Sache nicht berührt. Das fremde Eigentum wird in keiner Weise betroffen.

Dem Vorbehalt-Verkäufer steht daher der Aussonderungsanspruch (§ 43 KO.) zu.

Wenn der Aussonderungsanspruch im Sinn des Verlangens der Herausgabe geltend gemacht wird, so ist hierin bei Abzahlungsgeschäften unabwendbar die Rücktrittserklärung eingeschlossen (s. unten S. 68), bei anderen Geschäften kann dies unter Umständen der Fall sein (s. oben S. 16 ff., 49).

Für den Aussonderungsanspruch gelten im allgemeinen die Grundsätze der Konkursaussonderung (s. oben S. 49). Der Anspruch richtet sich natürlich gegen den Vergleichsschuldner. Der Vorbehalt-Verkäufer kann seine volle Kaufpreisforderung im Vergleichsverfahren des Käufers geltend machen; für seinen Ausfall bleibt er durch den EV. geschützt (vgl. oben S. 49).

Auch der Anspruch auf Ersatzaussonderung (§ 46 KO.) d. i. auf Abtretung der Gegenleistung für die weiter veräußerte Sache steht dem Vorbehaltverkäufer zu (vgl. oben S. 50), gleichviel ob die Weiterveräußerung vor oder nach der Eröffnung des Vergleichsverfahrens erfolgt ist. Im ersteren Fall ist jedoch im Gegensatz zum zweiten Voraussetzung, daß die Weiterveräußerung unbefugt war. War sie befugt, so kann ein Aussonderungsanspruch auch auf Grund einer zwischen dem Vorbehalt-Verkäufer und dem -Käufer getroffenen Vereinbarung nicht bestehen (s. hierüber oben S. 50). Dieser im Konkursrecht geltende Grundsatz gilt auch für das Vergleichsverfahren (HRR. 1930 Nr. 1545 Hamburg).

II. Die beiderseits noch nicht erfüllten gegenseitigen Verträge.

§ 4 Satz 1 VglO. bestimmt: „Gläubiger, deren Ansprüche auf einem gegenseitigen[1]) Vertrag beruhen, der zur Zeit der Eröffnung

[1]) Die unentgeltlich geleistete Bürgschaft ist kein gegenseitiger Vertrag. Deshalb ist hier der Bürgschaftsgläubiger am Vergleichsverfahren des Bürgen auch dann beteiligt, wenn der Kaufvertrag, für welchen die Bürgschaft geleistet wurde, bei Eröffnung des Verfahrens beiderseits noch nicht erfüllt ist (HRR. 1929 Nr. 957 Hamburg).

des Vergleichsverfahrens von dem Schuldner und von dem anderen Teil noch nicht oder noch nicht vollständig erfüllt ist, sind an dem Verfahren nicht beteiligt und werden von dem Vergleich nicht betroffen."

1. Rechtsbestand des Vertrags bei Eröffnung des Verfahrens. In erster Linie kommt es darauf an, ob der Vertrag bei Eröffnung des Verfahrens noch besteht.

Über diese Frage, insbes. über den Einfluß des schon vorher von einem Vertragsteil erklärten Rücktritts oder Übergangs zum Schadenersatz wegen Nichterfüllung s. oben S. 51.

Es kommt nun gerade aus Anlaß eines Vergleichsverfahrens häufig vor, daß der Verkäufer die unter EV. verkaufte Sache oder den noch vorhandenen Teil der unter EV. gelieferten Waren mit Zustimmung des Käufers zurücknimmt[1]) oder den noch nicht gelieferten Teil der Waren behält. Hierin liegt kein Rücktritt des Verkäufers, sondern eine Auflösung oder teilweise Auflösung des Vertrags durch mutuus dissensus[2]). Man hat es im Zweifel auch nicht mit einer Ablehnung der Erfüllung im Sinn des § 28 VglO. zu tun, die an sich vielleicht auch ohne Ermächtigung des Gerichts durch Vereinbarung wirksam erfolgen könnte. Denn eine solche vertragsmäßige Ablehnung im Sinn des § 28 VglO. mit den sich hieraus ergebenden gesetzlichen Folgen ist nur dann zu unterstellen, wenn der Vertragswille nachweisbar und unzweideutig hierauf gerichtet ist (vgl. Jaeger in KonkuTrW. 1927, 17f.; Levy, JHR. 156f.).

Wird erst nach Eröffnung des Vergleichsverfahrens auf Grund einer Vereinbarung der noch vorhandene Teil der Waren zurückgenommen oder auf Lieferung des noch nicht gelieferten Teils verzichtet, so ist der Verkäufer auch mit seiner gesamten rückständigen Forderung für die übrigen Lieferungen am Verfahren nicht beteiligt, denn der ganze Vertrag muß einheitlich beurteilt werden (Jaeger u. Levy a. a. O. Im Ergebnis ebenso Cohn, JW. 1930, 2759; Salomon 1931, 2088 e).

Wenn aber schon vor Eröffnung des Vergleichsverfahrens vereinbarungsgemäß der noch vorhandene Teil der Waren zurückgenommen oder auf Lieferung des Rests verzichtet ist, dann kann § 4 VglO. nicht angewendet werden, so daß der Verkäufer mit seinen Ansprüchen aus den ausgeführten Lieferungen am Verfahren beteiligt ist. Der Käufer, der ein Vergleichsverfahren herbeiführen will, wird gut daran tun, diesen Erfolg rechtzeitig herbeizuführen und der Verkäufer wird sich zu überlegen haben, ob er darauf eingehen will.

---

[1]) Zur Zurücknahme ist nicht die Besitzübertragung an den Verkäufer erforderlich, es genügt die Einigung über die ganze oder teilweise Auflösung des Vertrags. Dadurch erlischt das Eigentumanfallrecht des Käufers (vgl. OLG. Augsburg 26. XI. 31 II L 281/31).

[2]) Im nachfolgenden Konkurs ist die Rückgabe der Sachen nur nach § 30 Ziff. 1, nicht nach § 30 Ziff. 2 KO. anfechtbar (HRR. 1931 Nr. 1182 RG.).

2. Vollständige Erfüllung des Vertrags.

Für die Frage, ob beide Vertragsteile den Vertrag vollständig erfüllt haben, ist das ganze durch einen Vertrag begründete Rechtsverhältnis einheitlich zu beurteilen. Hierüber (z. B. Sukzessiv-Lieferungsvertrag) s. oben S. 52. Darüber, unter welchen Voraussetzungen der Käufer und unter welchen der Verkäufer den Vertrag restlos erfüllt hat, s. oben S. 53. Auch hier soll hervorgehoben werden, daß der Vorbehaltverkäufer insolange den Vertrag noch nicht vollständig erfüllt hat, als die Bedingung, von deren Eintritt der Eigentumübergang auf den Käufer abhängig ist (restlose Zahlung des Kaufpreises) noch nicht eingetreten ist (RG. 129, 228; 133, 40 und die oben S. 53 und von Merkel JW. 1931, 2088f. angeführten Nachweise).

3. Nichtbeteiligung des Gläubigers am Vergleichsverfahren des Schuldners.

Wenn beide Vertragsteile bei Eröffnung des Verfahrens den Vertrag oder die sich aus dem Rücktritt ergebenden gegenseitigen Verpflichtungen (s. oben S. 51) noch nicht vollständig erfüllt haben, ist der Gläubiger, gleichviel ob es der Verkäufer oder Käufer ist, am Vergleichsverfahren seines Vertragsgegners (des Vergleichsschuldners) nicht beteiligt (§ 4 VglO.). Folglich muß der Vorbehalt-Kaufvertrag oder die Abwicklung des durch den Rücktritt herbeigeführten Rechtsverhältnisses von beiden Seiten völlig unabhängig vom Vergleichsverfahren restlos erfüllt werden.

An dieser Rechtslage wird auch dadurch nichts geändert, daß der Gläubiger dem Vergleichsverfahren und dem Vergleich zugestimmt hat, da die Vorschriften über die Beteiligung am Vergleichsverfahren zwingendes Recht sind (Kiesow Anm. I zu § 2; DRZ. 1931 Nr. 578, Köln; Cohn, JW. 1930, 2760)[1]. Erfolgt keine Ablehnung der Erfüllung (s. unten S. 61), so ergibt sich aus § 4 folgende Rechtslage, wenn der Vertrag von beiden Seiten bei Eröffnung des Verfahrens noch nicht vollständig erfüllt war:

a) Im Vergleichsverfahren des Käufers.

Der Verkäufer ist mit seiner gesamten Forderung aus dem Vertrag **nicht** beteiligt am Verfahren. Das gilt nicht nur für die Waren, die der Käufer noch besitzt, sondern auch für die übrigen vom Verkäufer gelieferten Waren, die der Käufer weiterverkauft oder anderweitig dem Eigentum des Verkäufers entfremdet hat und es gilt auch für die Waren, die der Käufer noch abzunehmen hat. Es muß eben der ganze Vertrag einheitlich beurteilt werden (Cohn, JW. 1930, 2759; Kiesow

[1]) Der Gläubiger kann sich überhaupt nicht auf den Vergleich berufen. Er kann z. B. eine für die Erfüllung des Vergleichs geleistete Bürgschaft nicht beanspruchen, es sei denn, daß die Bürgschaft ausdrücklich auch zugunsten der am Vergleichsverfahren nicht beteiligten Gläubiger übernommen wurde.

Bem. III, 1 zu § 4 VglO.; Salomon, JW. 1931, 2088 e; a. M. Auerbach, JHK. 70). Das ist besonders wichtig für den Sukzessivlieferungsvertrag.

Wenn aber der Verkäufer erst nach[1]) Eröffnung des Verfahrens mit Zustimmung des Käufers die beim Käufer noch vorhandenen Waren zurückgenommen und auf die Abnahme der noch rückständigen Lieferungen verzichtet hat, dann ist insoweit der Vertrag aufgelöst. Der Verkäufer ist aber am Verfahren nicht beteiligt (s. oben S. 59). Ein etwaiger Ersatzaussonderungsanspruch (s. oben S. 57) bleibt unberührt.

Der Verkäufer kann alle Ansprüche aus dem Vertrag ohne Rücksicht auf das Vergleichsverfahren geltend machen. Er kann also, wenn die Voraussetzungen hiefür gegeben sind, vom Vertrag zurücktreten oder Schadenersatz wegen Nichterfüllung verlangen. Er ist mit den sich hieraus ergebenden Ansprüchen am Verfahren nicht beteiligt.

Wenn er seine volle Kaufpreisforderung im Verfahren angemeldet und hierauf die Vergleichsquote erhalten hat, ist gleichwohl sein Ausfall durch den Aussonderungsanspruch geschützt. Ein Verzicht hierauf ist nicht zu vermuten, könnte übrigens unter Umständen kondiziert werden (§ 812 BGB.).

b) Im Vergleichsverfahren des Verkäufers.

Der Käufer ist mit seinen gesamten Ansprüchen aus dem einheitlich zu beurteilenden Vertrag am Vergleichsverfahren nicht beteiligt. Er hat also ohne Rücksicht auf das Vergleichsverfahren Anspruch auf restlose Erfüllung seiner gesamten Ansprüche.

Demgemäß ist der Verkäufer verpflichtet, die sämtlichen aus dem Vertrag noch rückständigen Lieferungen durch Übergabe der Sachen an den Käufer auszuführen. Dem Käufer stehen die Gewährleistungsansprüche zu wegen sachlicher Mängel und wegen eines Mangels im Recht der vor und nach Eröffnung des Verfahrens übergebenen Waren.

Kommt der Verkäufer mit einer Lieferung in Verzug, so kann der Käufer die Rechte aus § 326 BGB. geltend machen. Ist der Käufer nach Eröffnung des Verfahrens zum Schadenersatz wegen Nichterfüllung übergegangen, so kann er volle Befriedigung seiner Schadenersatzforderung verlangen, er braucht sich nicht mit der Vergleichsquote zu begnügen.

Kommt der Käufer mit Zahlung des Kaufpreises in Verzug, so hat der Verkäufer (Vergleichsschuldner) das Recht des Rücktritts (§ 455 BGB.) und wahlweise das Recht auf Schadenersatz wegen Nichterfüllung (§ 326 BGB. s. oben S. 48).

War der Verkäufer (Vergleichsschuldner) vor oder nach Eröffnung des Verfahrens vom Vertrag wirksam zurückgetreten, so ist der Käufer am Vergleichsverfahren nicht beteiligt, wenn bei Eröffnung die gegenseitigen Verpflichtungen aus dem Kauf oder dem Rücktritt beiderseits noch nicht vollständig erfüllt sind.

---

[1]) Vgl. hiezu oben Seite 58.

4. Die Ablehnung der Erfüllung beiderseits noch nicht erfüllter Verträge.

Ist ein gegenseitiger Vertrag zur Zeit der Eröffnung des Vergleichsverfahrens von dem Schuldner und von dem andern Teil noch nicht oder noch nicht vollständig erfüllt, so kann jeder Vertragsteil mit Ermächtigung des Gerichtes die Erfüllung oder die weitere Erfüllung ablehnen (§ 28 Abs. 1 VglO.). Das gilt für alle Verträge, also auch für die dem Abzahlungsgesetz unterliegenden.

a) Voraussetzungen der Ablehnung.

Die erste Voraussetzung des Ablehnungsrechts ist also, daß beide Vertragsteile bei Eröffnung des Verfahrens den Kaufvertrag mit EV. noch nicht vollständig erfüllt haben; s. hierüber oben S. 52 ff.).

Ist diese Voraussetzung gegeben, so haben beide Vertragsteile, also nicht nur der Vergleichsschuldner, gleichviel ob er Verkäufer oder Käufer ist, sondern auch der Vertragsgegner das Recht, die Erfüllung oder die weitere Erfüllung abzulehnen, wenn das Gericht hiezu die Ermächtigung gibt (s. unten b).

Das Ablehnungsrecht kann aber nur einheitlich für den ganzen Vertrag ausgeübt werden.

Auch wenn durch Vertrag die Anwendbarkeit der §§ 28, 30 VglO. ausgeschlossen wurde, kann die Erfüllung mit Ermächtigung des Gerichts abgelehnt werden; denn diese Gesetzesvorschriften, die im öffentlichen Interesse dem Schuldner und der Gesamtheit seiner Gläubiger dienen sollen, sind nicht abdingbar (Kiesow Anm. 33 zu § 28 VglO.; vgl. Cahn, JW. 1932, 149 und dortige Nachweise).

b) Die Ermächtigung des Gerichts.

Die Ablehnung kann nur mit Ermächtigung des Gerichts erfolgen (§ 28 Abs. 1 VglO.). Das Gesuch um Ermächtigung zur Ablehnung muß binnen einer Ausschlußfrist von zwei Wochen nach der öffentlichen Bekanntmachung des Eröffnungsbeschlusses (§ 27 VglO.) beim Gericht angebracht werden[1]). Vor der Entscheidung soll das Gericht die Vertrauensperson und den Vertragsgegner hören (§ 28 Abs. 2 VglO.).

Die Entscheidung des Gerichts über Erteilung oder Versagung der Ermächtigung ist unanfechtbar (§ 14 VglO.). Dem Vergleichsschuldner soll die Ermächtigung nur erteilt werden, wenn die Erfüllung oder die weitere Erfüllung des Vertrags das Zustandekommen oder die Ausführbarkeit des Vergleichs gefährden würde und die Ablehnung der Erfüllung dem Gläubiger des Vergleichsschuldners keinen unverhältnismäßigen Schaden bringt (§ 28 Abs. 2 VglO.).

---

[1]) Diese kurz bemessene Frist kann leicht übersehen werden. Damit rechnen vielfach die Vertragsgegner und treten deshalb mit ihren Ansprüchen erst nach Fristablauf hervor. Daß hieraus die exceptio doli abzuleiten wäre (so Merkel JW. 1932, 158), ist nicht einzusehen. Es besteht keine Verpflichtung zur sofortigen Anmeldung der Ansprüche. Im übrigen vigilantibus iura sunt scripta.

Es handelt sich um eine Sollvorschrift. Der Richter hat nach pflichtgemäßem Ermessen zu prüfen und zu entscheiden, ob die vom Gesetz geforderten Voraussetzungen der Ermächtigung gegeben sind. Übt der Richter das ihm obliegende pflichtgemäße Ermessen schuldhaft (vorsätzlich oder fahrlässig) unrichtig aus, so wird nach Art. 131 Reichsverf. § 839 BGB. in Verbindung mit den Staatshaftungsvorschriften der Länder die Haftung des Staates auf Schadenersatz gegenüber dem Antragsgegner begründet (vgl. die Gesetzgebungsverhandlungen bei Cahn, VglO. Bem. A zu § 28, S. 190).

Der Richter wird also insbes. die Frage sorgfältig prüfen müssen, ob die Ablehnung der Erfüllung dem Antragsgegner des Vergleichsschuldners unverhältnismäßigen Schaden bringen würde; denn dann soll er die Ermächtigung nicht erteilen. Er hat daher alle Veranlassung den Antragsgegner zu hören, bevor er die Ermächtigung erteilt. Denn wenn auch dessen Einvernehmung nicht zwingend vorgeschrieben ist, so beruht die Unkenntnis des Richters über Umstände, die zur Versagung der Ermächtigung hätten führen sollen, auf Fahrlässigkeit, wenn ihn der Vertragsgegner über diese Umstände hätte aufklären können.

Der Begriff „unverhältnismäßiger Schaden" scheint auf die Frage abgestellt, wer den Schaden, der dem einen Vertragsteil aus der Erfüllung, dem andern Teil aus der Ablehnung der Erfüllung erwachsen wird, am besten tragen kann (Cahn, VglO. Bem. A zu § 28 S. 193). Indes ist dies, soweit der Vergleichsschuldner die Ermächtigung beantragt, nur cum grano salis richtig. Denn ihm soll ja die Ermächtigung zur Ablehnung nach § 28 VglO. nur dann erteilt werden, wenn die Erfüllung das Zustandekommen oder die Ausführbarkeit des Vergleichs gefährden würde. Eine solche Gefährdung liegt nur dann vor, wenn nach den zur Zeit der Beurteilung gegebenen Verhältnissen ein vorsichtiger Beurteiler damit rechnen kann und muß, daß das Zustandekommen oder die Ausführbarkeit des Vergleichs an der Erfüllung des Vertrags scheitern kann. Diese Frage ist nach den Grundsätzen des adäquaten Kausalzusammenhangs zu beurteilen. Ganz außergewöhnliche Komplikationen, eine Verquickung entfernt möglicher, aber ganz besonders eigenartiger Umstände sind in die Beurteilung nicht einzubeziehen (vgl. RGK. Vorbem. 3 vor § 249 und Vorbemerkung 5 vor § 823; Staudinger Bd. 2 Abtl. 1 S. 126).

Ist hiernach eine Gefährdung nicht anzunehmen, so soll dem Vergleichsschuldner die Ermächtigung selbst dann nicht erteilt werden, wenn sein Schaden aus der Erfüllung weit höher ist als der Schaden des Vertragsgegners aus der Ablehnung der Erfüllung.

Beachtet der Richter diese Grundsätze, so ist der Bestimmung des § 28 VglO. für viele Fälle der Giftzahn ausgebrochen. Andernfalls ist dem Einbruch in wohlerworbene Vertragsrechte gerade beim Kauf mit EV. im Vergleichsverfahren des Verkäufers Tür und Tor geöffnet.

Beantragt der Gegner des Vergleichsschuldners die Ermächtigung, so wird der Richter, der in diesem Fall nach freiem Ermessen zu entscheiden hat, gewiß auch die Frage prüfen, ob durch die Ermächtigung der Vergleich gefährdet würde. Er ist aber durch keine Vorschrift gehindert, die Ermächtigung selbst dann zu erteilen, wenn eine solche Gefährdung anzunehmen ist.

Die Versagung der Ermächtigung zur Ablehnung der Vertragserfüllung liegt im freien Ermessen des Gerichts; denn das Gesetz schreibt nur vor, unter welchen Voraussetzungen die Ermächtigung nicht erteilt werden soll, nicht aber, daß die Ermächtigung erteilt werden soll, wenn diese Voraussetzungen nicht im Wege stehen. Der zurückgewiesene Antragsteller kann also den Staat auch dann nicht haftbar machen, wenn das Gericht in fahrlässig unrichtiger Weise angenommen hat, daß durch die Ablehnung der Erfüllung der Vergleich nicht gefährdet werde oder hiedurch der Vertragsgegner unverhältnismäßigen Schaden erleiden würde. Dieses Ergebnis ist durchaus in der Ordnung; denn nur der Eingriff in wohlerworbene Rechte bedarf der Rechtfertigung, nicht die Wahrung dieser Rechte.

c) Die Erklärung der Ablehnung.

Ist dem Antragsteller die Ermächtigung des Gerichts zur Ablehnung der Erfüllung erteilt, so hat der Antragsteller[1]), wenn er von dieser Ermächtigung Gebrauch machen will, dem Antragsgegner die Ablehnung der Erfüllung zu erklären. Die gleichzeitige Zustellung des Ermächtigungsbeschlusses ist nicht notwendig (Cohn, JW. 1931, 2088d; JW. 1931, 2384 Nürnberg; vgl. dagegen Kiesow Anm. 21 zu § 28), aber ratsam. Für die Erklärung der Ablehnung können schlüssige Handlungen, die dem Antragsgegner in einer jeden Zweifel ausschließenden Weise den Ablehnungswillen des Antragstellers offenbaren, als genügend angesehen werden (RG. 112, 57). Eine Frist für die Erklärung der Ablehnung ist nicht vorgeschrieben. Wenn aber die Erklärung ungebührlich verzögert wird, kann nach Treu und Glauben das Ablehnungsrecht verwirkt werden (JW. 1926, 1552 RG.; vgl. RG. 107, 109; 96, 292). Die Ablehnungserklärung muß spätestens vor dem Beginn der entscheidenden Abstimmung der Gläubiger im Vergleichstermin abgegeben werden (JW. 1931, 2165 Celle; zustimmend in der Anm. hierzu Kiesow u. Nachweise).

Erst durch die empfangsbedürftige Ablehnungs-Erklärung des Antragstellers wird die Ablehnung rechtswirksam. Der Antragsgegner kann sich ohne diese Erklärung des Antragstellers nicht auf den Antrag und die Ermächtigung des Gerichts berufen.

Die Ablehnungserklärung ist unwiderruflich.

---

[1]) Die Vertrauensperson kann als stillschweigend bevollmächtigt gelten, die Erklärung für den Vergleichsschuldner abzugeben. Der Vertragsgegner kann aber die Erklärung zurückweisen, wenn die Vertrauensperson keine Vollmacht des Vergleichsschuldners vorlegt (§ 174 BGB.); vgl. auch JW. 1931, 2384 Nürnberg.

d) Wirkung der Ablehnung der Erfüllung.

Durch die Ablehnung wird der Vertrag keineswegs aufgehoben; der Anspruch auf Erfüllung ist nur für die Zukunft ausgeschlossen; die bereits erfolgten Leistungen können daher nicht zurückgefordert werden.

Durch die mit Ermächtigung des Gerichts erklärte Ablehnung der Erfüllung wird das Rechtsverhältnis endgültig mit der Folge festgelegt, daß jeder Teil die in sein Vermögen übergegangenen Leistungen behalten darf. Damit ist ein späterer Rücktritt vom Vertrag, der die Verpflichtung zur wechselseitigen Herausgabe der empfangenen Leistungen begründen würde, unvereinbar. Somit ist nach dem Zeitpunkt, in welchem dem anderen Teil die Ablehnungserklärung zugegangen ist, ein Rücktritt unwirksam[1]). Deshalb kann der Vorbehaltverkäufer nach wirksamer Ablehnung auch in Abzahlungsgeschäften die Kaufsache zurückfordern, ohne daß hierin ein Rücktritt zu erblicken ist.

Für die Folgen der Ablehnung des Vertrags ist zu unterscheiden, ob der Vergleichsschuldner oder sein Vertragsgegner die Erfüllung abgelehnt hat.

Hat der Vergleichsschuldner abgelehnt, so ist er dem Gegner schadenersatzpflichtig (§ 30 VglO.); dagegen kann der Vergleichsschuldner von seinem Gegner Schadenersatz nicht beanspruchen, nur mittelbar mindert ein ihm durch die Ablehnung erwachsender Nachteil den Ersatzanspruch des Vertragsgegners, wenn und soweit der Nachteil des Vergleichsschuldners dem anderen zum Vorteil gereicht (compensatio damni cum lucro).

Hat der Vertragsgegner des Vergleichsschuldners abgelehnt, so steht weder dem Vergleichsschuldner noch seinem Vertragsgegner ein Schadenersatzanspruch zu. Der Ausschluß des Ersatzanspruchs des Vergleichsschuldners ergibt sich ohne weiteres aus § 30 VglO. Aber auch der Vertragsgegner hat keinen Ersatzanspruch, wenn er selbst die Erfüllung abgelehnt hat. Das ergibt sich trotz des scheinbar entgegenstehenden Wortlauts des § 30 VglO. aus § 325 BGB. Volenti non fit iniuria, vgl. auch § 254 BGB. (a. M. Kiesow Anm. 33 zu § 28 VglO., Cahn Anm. Abs. 4 zu § 30 VglO.).

Für den Schadenersatzanspruch des Gegners des Vergleichsschuldners ist der zum Ersatz verpflichtende Umstand die Ablehnung der Erfüllung. Der Antragsgegner ist also in seiner Vermögenslage rechnerisch so zu stellen, wie er stehen würde, wenn der Vergleichsschuldner nicht abgelehnt hätte. Darin besteht sein Ersatzanspruch, mit dem er am Verfahren beteiligt ist und vom Vergleich betroffen wird (§ 30 VglO.). Bei der zwingenden Natur der §§ 28ff. ist eine Vertragsstrafe, die für

---

[1]) Vorher ist der Rücktritt des Verkäufers wegen Verzugs des Käufers (§ 455 BGB.) zulässig und wirksam; hatte der Käufer schon zu der Zeit, in welcher ihm die Rücktrittserklärung des Verkäufers zuging, den Antrag auf Ermächtigung zur Ablehnung der Erfüllung des Vertrags gestellt, so zieht dieser Antrag auch für Ermächtigung zur Ablehnung der Erfüllung des Rücktritts-Rechtsverhältnisses.

den Fall der Ablehnung der Erfüllung in einem späteren Vergleichsverfahren im voraus bedungen wurde, nichtig (vgl. Nagel S. 135 Anm. 1; a. M. Kiesow Anm. 33 zu § 28); denn dadurch könnte die Freiheit in der Ausübung des Ablehnungsrechts ungebührlich eingeschränkt werden.

Nicht ausgeschlossen wird aber durch § 30 VglO. der Anspruch auf Herausgabe der Bereicherung, die für den einen oder den anderen Vertragsteil dadurch herbeigeführt wird, daß er den Vertrag nicht mehr zu erfüllen braucht und gleichwohl die empfangenen Leistungen behalten darf. Hiefür sind die allgemeinen Vorschriften (§§ 812 ff. BGB.) maßgebend.[1]) Hiernach sind an sich Vorteile, die in der Rechtsordnung begründet sind, nicht ohne Rechtsgrund erlangt, wohl aber dann, wenn die durch die Rechtsordnung herbeigeführte Vermögensverschiebung nach den übrigen Bestimmungen der Rechtsordnung nicht nur unbillig, sondern unberechtigt ist (vgl. Hartmann ArchBürgRecht 21, 224). Wenn sich die nach technisch geformtem Recht eingetretene Rechtsänderung in ihrem sachlichen Bestand als richtiges Recht nicht behaupten läßt (Stammler, Ungerechtfertigte Bereicherung 13 u. 32), so wird gerade durch die Vernichtung des Rechtsgrunds der Weg zur Kondiktion geöffnet (Oertmann, LZ. 1928, 857). Nach Sinn und Zweck der §§ 28 ff. war es nicht der Wille des Gesetzgebers, daß der Ablehnende nicht nur vor dem Schaden der Erfüllung bewahrt werden, sondern darüber hinaus durch die Nichterfüllung in seiner derzeitigen Vermögenslage auf Kosten des andern Teils auch noch weitere Vorteile haben soll.

Der Bereicherungsanspruch wird also durch § 30 VglO. nicht ausgeschlossen. Ob man den Bereicherungsanspruch als condictio ob causam finitam, § 812 Abs. 1 Satz 2, Halbsatz 1 (so Nagel S. 130 ff.) oder als condicti causa data causa non secuta, § 812 Abs. 1 Satz 2 Halbsatz 2 (so Kiesow Anm. 35 zu § 28 VglO.) einräumt, ist praktisch ohne Bedeutung. (Im Ergebnis ebenso Mayer Anm. 18 u. 20 zu § 30 VglO.) Durch § 815 BGB. wird der Bereicherungsanspruch nicht ausgeschlossen, weil die Ausübung des Rechts aus § 28 VglO. kein Handeln wider Treu und Glauben ist (Kiesow Anm. 35 zu § 28 VglO.).

Hiernach gestaltet sich die Abwicklung aus §§ 28, 30 VglO. folgendermaßen:

a) Im Vergleichsverfahren des Käufers.

aa) Wenn der Vergleichsschuldner (Käufer) die Erfüllung abgelehnt hat, braucht auch der Verkäufer nicht mehr zu erfüllen. Er braucht daher die noch ausstehenden Lieferungen nicht auszuführen und kann die Rückgabe der unter EV. übergebenen Sache (Aussonderung s. oben S. 57) oder der für ihre Weiterveräußerung noch ausstehenden Kaufpreisforderung (Ersatzaussonderung, s. oben S. 57) verlangen[2]).

[1]) Soweit die Voraussetzungen der §§ 987 ff. BGB. gegeben sind, sind diese Vorschriften und nicht die §§ 812 ff. BGB. maßgebend (Recht 1932 Nr. 344 RG.).

[2]) Das gilt auch dann, wenn der Verkäufer die zahlungshalber gegebenen Wechsel eingeklagt und seine Kaufpreisforderung zum Vergleichsverfahren angemeldet hat.

Soweit er außerdem Schaden erleidet, steht ihm der Anspruch auf Schadenersatz zu, mit dem er am Verfahren beteiligt ist.

Der Käufer, der die Erfüllung abgelehnt hat, kann, falls der Wert der von ihm herausgegebenen Sache oder Forderung aus der Weiterveräußerung den von ihm noch geschuldeten Kaufpreis übersteigt, die Herauszahlung des Überschusses mit dem Bereicherungsanspruch verlangen (vgl. JW. 1907, 315); darüber hinaus steht ihm kein Anspruch auf Ersatz seines Schadens zu.

bb) Wenn der Verkäufer (der Vertragsgegner des Vergleichsschuldners) die Erfüllung abgelehnt hat, so gilt für Verkäufer und Vergleichsschuldner hinsichtlich des Wegfalles der beiderseitigen weiteren Erfüllungspflicht, der Aussonderung und der Ersatzaussonderung, sowie des Bereicherungsanspruchs das Gleiche. Ein Schadenersatzanspruch steht dem Vergleichsschuldner (Käufer) nicht zu, aber auch nicht dem Verkäufer (a. M. Kiesow und Cahn, s. oben S. 64).

b) Im Vergleichsverfahren des Verkäufers.

aa) Hat der Verkäufer die Erfüllung abgelehnt, so fällt für beide Vertragsteile die weitere Erfüllungspflicht weg. Der Vergleichsschuldner (Verkäufer) kann die unter EV. übergebene Sache zurückfordern. Einen Schadenersatzanspruch wegen Aufhebung des Vertrags kann er nicht geltend machen.

Der Käufer kann, falls der Wert der von ihm herausgegebenen Sache den von ihm noch geschuldeten Kaufpreis übersteigt, die Herauszahlung des Überschusses verlangen. Er ist mit diesem Bereicherungsanspruch nicht am Verfahren beteiligt. Denn bei Eröffnung des Verfahrens waren die Voraussetzungen des § 4 VglO. gegeben und nur für den Anspruch des Gläubigers auf Schadenersatz bestimmt § 30 VglO., daß er hiemit am Verfahren beteiligt ist. Überdies ist der Bereicherungsanspruch erst während des Verfahrens durch Ablehnung der Erfüllung entstanden. Darüber hinaus kann der Käufer Schadenersatz wegen Nichterfüllung fordern. Mit diesem Schadenersatzanspruch ist er am Verfahren beteiligt.

bb) Hat der Käufer (der Vertragsgegner des Vergleichsschuldners) die Erfüllung abgelehnt, so gilt das Gleiche, mit der einzigen Ausnahme, daß auch der Käufer Schadenersatz wegen Nichterfüllung nicht verlangen kann (a. M. Kiesow u. Cahn, s. oben S. 64).

§ 12.

Die Vorschriften des Abzahlungsgesetzes.

Die Voraussetzungen, von denen die Anwendbarkeit des Abzahlungsgesetzes vom 16. Mai 1894 (RGBl. 450) abhängig ist, sind oben § 1 dargelegt.

I. Die allgemeinen Rechtsvorschriften (insbes. des BGB. und HGB.) sind auf Abzahlungsgeschäfte nur insoweit anzuwenden, als sie nicht gegen die Vorschriften und den Zweck (Schutz des Käufers) des AbzG. verstoßen (Hörle 177). Soweit das AbzG. einschlägig ist, sind alle Verträge, also auch gerichtliche Vergleiche[1]) seinen zwingenden Vorschriften unterworfen (Hörle 183), was bei Vergleichen häufig übersehen wird (vgl. aber oben S. 2).

Das hindert nicht, im Vergleich Vereinbarungen über die Fälligkeit in Abweichung von § 4 AbzG. zu treffen, wenn die Voraussetzungen des § 4 Abs. 2 AbzG. für die Fälligkeit des gesamten Kaufpreises bei Abschluß des Vergleichs schon erfüllt waren (Lechner 25).

Die Vorschriften des AbzG. sind zwingend; Vertragsabreden, die hiegegen verstoßen, sind nichtig. Die Nichtigkeit erstreckt sich aber nur soweit, als die vom Abzahlungsgesetz gezogenen Grenzen überschritten sind, so daß der Vertrag im übrigen rechtswirksam bleibt (vgl. RG. 64, 92).

Wenn aber der Vertrag im ganzen besehen (vgl. § 139 BGB.) gegen die guten Sitten (§ 138 Abs. 1 BGB.) insbesondere gegen das Verbot wucherischer Ausbeutung (§ 138 Abs. 2 BGB.) oder ein anderes gesetzliches Verbot (§ 134 BGB.) verstößt, dann ist er restlos nichtig, so daß die Rückforderung nach § 2 AbzG. nicht in Betracht kommt, sondern hiefür §§ 812, 817 BGB. anzuwenden sind (vgl. RG. 63, 346; 67, 383; JW. 1906, 454; 1908, 195; Staudinger Bem. II, 4c zu § 138; Hörle 182 und 186).

Die sich im einzelnen aus dem AbzG. ergebenden Folgen sind von Staub-Pinner Anm. 74ff. Anh. zu § 382 HGB. eingehend dargelegt. Es soll nur folgendes hervorgehoben werden:

II. Verfallklausel.

Die Abrede, daß die Nichterfüllung der dem Käufer obliegenden Verpflichtungen die Fälligkeit der Restschuld zur Folge haben soll, kann rechtsgültig nur für den Fall getroffen werden, daß der Käufer mit mindestens zwei aufeinanderfolgenden Teilzahlungen ganz oder teilweise im Verzug ist und der Betrag, mit dessen Zahlung er im Verzug ist, mindestens dem 10. Teil des Kaufpreises der übergebenen Sache gleichkommt (§ 4 Abs. 2 AbzG.).

Es kann also z. B. nicht wegen Unterlassung der vom Käufer übernommenen Versicherungspflicht Verfall des Kaufpreises bedungen werden (Hörle 184), wohl aber ist es zulässig, dem Verkäufer für diesen Fall ein Rücktrittsrecht einzuräumen (Hörle 189 u. 198).

An und für sich darf der Verkäufer eine nicht vollständige Teilzahlung zurückweisen (§ 266 BGB.). Wäre aber hiedurch der 10. Teil des Kaufpreises bezahlt worden, so kann sich (was Hörle 181 übersieht) der Verkäufer nicht auf die kassatorische Klausel berufen. Das ergibt sich aus dem Zweck des Gesetzes im Zusammenhalt mit § 162 Abs. 2 BGB.

---

[1]) Nicht aber die Ablehnung der Erfüllung und ihre Folgen im gerichtlichen Vergleichsverfahren (s. oben S. 64).

III. Vertragsstrafe.

Noch nicht bezahlte, übermäßig hohe Vertragsstrafen, die wegen Nichterfüllung der Verpflichtungen des Käufers verwirkt sind, können herabgesetzt werden (§ 4 Abs. 1 AbzG.), also auch dann, wenn die Vertragsstrafe von einem Kaufmann im Betrieb seines Handelsgewerbes versprochen ist (§ 348 HGB.). Hiebei ist natürlich Voraussetzung, daß dieser bei Vertragsabschluß nicht als Kaufmann im Handelsregister eingetragen war, weil ja sonst das AbzG. überhaupt nicht anzuwenden ist (§ 8 AbzG.).

Eine Vertragsstrafe kann nicht neben den Leistungen des Käufers aus § 2 AbzG. beansprucht werden, wenn der Verkäufer wegen derselben Vertragsverletzung, auf welche die Vertragsstrafe gesetzt ist, vom Vertrag zurücktritt. § 340 Abs. 2 BGB. kann auf diesen Fall nicht angewendet werden (Hörle 183; vgl. auch 196).

IV. Das Rücktrittsrecht des Verkäufers (nicht auch des Käufers) ist beschränkt.

1. Begriff des Rücktritts. Die Begriffsbestimmung des BGB. ist für das vorher erlassene und durch Art. 32 EG. aufrecht erhaltene AbzG. nicht maßgebend. Im Sinn des AbzG. liegt Rücktritt des Verkäufers immer dann vor, wenn seine Erklärungen oder Handlungen auf Rücknahme der Kaufsache gerichtet sind.

Von besonders einschneidender Bedeutung ist die Vorschrift des § 5 AbzG.:

> „Hat der Verkäufer auf Grund des ihm vorbehaltenen Eigentums die verkaufte Sache wieder an sich genommen, so gilt dies als Ausübung des Rücktrittsrechts."

Die Vorschrift des § 5 ist zwingend (HRR. 1932 Nr. 1059 Stuttgart; RG. 67, 387).

Die gegenteilige Absicht des Verkäufers, ja sogar seine ausdrückliche Erklärung, daß er nicht zurücktreten wolle, ist bedeutungslos (vgl. RG. 67, 387; 96, 296; Liebstädter 233; Hörle 193; LZ. 1931, 173 RG.). Auch die Vereinbarung, daß die Ausübung des dem Verkäufer zustehenden Rechts zur Rücknahme nur der Sicherung des Verkäufers dienen und nicht als Rücktritt gelten solle, ist unwirksam (JW. 1931, 2755 Stuttgart; Liebstädter 233).

Der Zweck des Gesetzes erheischt eine über den Wortlaut des § 5 weit hinausgehende Auslegung. Ein Rücktritt liegt nicht nur in jeder Entziehung der Sache aus dem Besitz des Käufers, sondern auch schon in der auf die Entziehung gerichteten Geltendmachung des Anspruchs auf Herausgabe der Sache (vgl. OLG. 38, 122 Karlsruhe; a. M. Jacusiel 48), somit auch schon in der Geltendmachung des Aussonderungsanspruchs (SA. 58, 175, Marienwerder), wenn dieser auf Herausgabe und nicht lediglich auf Feststellung des Eigentums gerichtet ist (Jaeger Anm. 15 zu § 26 KO., s. oben S. 49). Jede Entziehung des Besitzes durch den Verkäufer, ja schon jede hierauf gerichtete Erklärung oder schlüssige Handlung des Verkäufers gilt zwingend als Rücktrittserklärung, sobald diese ausdrückliche oder stillschweigende Erklärung dem Käufer zugeht. Wenn der Verkäufer die Rückgabe verlangt hat ohne zu wissen, daß der Käufer gar nicht mehr in der Lage ist, die Sache zurückzugeben, kann er seine Rücktrittserklärung wegen Irrtums anfechten (§ 119 BGB.; vgl. dagegen Jacusiel 48). Ein Rücktritt vom Vertrag liegt schon darin, daß der Verkäufer die Herausgabe der Sache an einen Gerichtsvollzieher zum Zweck der öffentlichen Versteigerung[1]) verlangt oder die Sache pfänden läßt (vgl. Hörle 193; Staub-Pinner Anm. 74 Anh. zu § 328 und dortige Nachweise. A. M. hinsichtlich der Pfändung JW. 1931, 3193 LG. Düsseldorf; 1931, 1140 LG. Hamburg; Spiro JW. 1932, 152 und Nachweise).

Anders liegt der Fall, wenn der Gläubiger die Abzahlungskaufsache wegen einer anderen Forderung pfänden und versteigern läßt oder wenn der Verkäufer, der zugleich Vermieter des Raumes ist, in welchen der Käufer die Kaufsache eingebracht hat, die Kaufsache auf Grund seines gesetzlichen Vermieterpfandrechts an sich nimmt (Staub-Pinner Anm. 74 zu § 382 HGB. und das dort angezogene Urteil des OLG. Hamburg, HansRZ. 21, 109).

Ist die Erfüllung im Konkursverfahren nach § 17 KO. oder im Vergleichsverfahren nach § 28 VglO. wirksam abgelehnt, so ist das Rechtsverhältnis endgültig mit der Folge festgelegt, daß jeder Teil die in sein Vermögen übergegangenen Leistungen behalten kann. Hiedurch ist ein Rücktritt begrifflich ausgeschlossen. Der Verkäufer kann daher die Sache zurückfordern; ein Rücktritt liegt hier trotz § 5 nicht vor; die §§ 2 u. 3 sind auf das Rechtsverhältnis nach der Ablehnung nicht anzuwenden (a. M. Lechner 31).

2. Die Voraussetzungen des Rücktrittsrechts des Verkäufers sind für die Abzahlungsgeschäfte nicht erschwert (s. oben S. 45ff.).

3. Die Folgen des Rücktritts sind zwingend durch §§ 2 und 3 AbzG. geregelt. Durch den Rücktritt wird das Vertragsverhältnis ex tunc aufgelöst und es entsteht ein neues auf Rückgewähr gerichtetes Rechtsverhältnis mit den sich aus §§ 1—3 AbzG. ergebenden Folgen. Hiernach ist jeder Teil verpflichtet, dem anderen Teil die empfangenen Leistungen zurückzugewähren (§ 1 AbzG.). Da eine gegenteilige Vereinbarung nichtig ist, ist die Verpflichtung zur Rückgewähr von Amtswegen, also auch im Versäumnisverfahren zu berücksichtigen (BadRpr. 1931, 55 AG. Mannheim). Der Verkäufer kann nur die vom AbzG. ausdrücklich eingeräumten Ansprüche erheben. Die hiedurch begründeten gegenseitigen Verpflichtungen sind Zug um Zug zu erfüllen (§ 3 AbzG.).

---

[1]) A. M. Kaufmann, Gruchot 53, 346; Spiro JW. 1932, 152 und dortige Nachweise, weil die Zwangsvollstreckung nicht auf Grund des EV., sondern auf Grund des Schuldtitels erfolge. Wenn aber der Schuldtitel wegen des Kaufpreises für die Abzahlungskaufsache erwirkt ist, so kann der Schuldtitel nicht zu einer Umgehung der Vorschriften des AbzG. verwendet werden.

Entgegenstehende Vereinbarungen sind nichtig (§ 1 AbzG.). Es ist aber wohl zu beachten: Nur die durch den Rücktritt begründeten Verpflichtungen sind durch das AbzG. zwingend und erschöpfend geregelt. Ansprüche des Verkäufers, die erst nach dem Rücktritt entstehen, bleiben vom AbzG. unberührt und sind nach BGB. zu beurteilen (z. B. Ersatz der nach dem Rücktritt vom Käufer herbeigeführten Beschädigung der Sache und der von ihm nach diesem Zeitpunkt gezogenen oder schuldhaft nicht gezogenen Nutzungen oder Ersatz der vom Käufer gemachten Verwendungen; Hörle 198f.).

Dem Verkäufer erwachsen gem. § 2 Abs. 1 AbzG. aus dem Rücktritt folgende und nur folgende Ansprüche:

a) Herausgabe der Sache (§ 1 AbzG. mit § 985 BGB.); Erfüllungsort für die Rückgabeverpflichtung des Käufers ist der Ort, wo sich die Sache dem Vertrag gemäß befindet. Dieser Ort wird hiedurch Erfüllungsort für alle gegenseitigen Verpflichtungen; ein durch den Vertrag bestimmter anderer Erfüllungsort hat seine Bedeutung durch den Rücktritt verloren. Eine im Kaufvertrag getroffene Vereinbarung des Erfüllungsorts für die aus einem künftigen Rücktritt erwachsenden gegenseitigen Ansprüche ist nichtig, wenn die Verpflichtungen des Käufers hiedurch erschwert sind. Das ergibt sich aus der zwingenden Natur der einschlägigen Bestimmungen des AbzG.

b) Ersatz der infolge des Vertrags vom Verkäufer gemachten Aufwendungen (§ 2 Abs. 1 AbzG., also nur der Aufwendungen, die infolge des Abschlusses und der Ausführung des Vertrags entstanden sind). Dazu gehören die Vertragskosten (vgl. § 467 Satz 2 BGB.); die Kosten der Versendung der Sache (auch bei Lieferung am Ort, Lechner 16; a. M. Hörle 201), die Kosten einer besonderen Montage, nicht aber die allgemeinen Geschäftsunkosten des Verkäufers und solche für die Kaufsache erwachsenen Kosten, die nach der Verkehrssitte durch den Kaufpreis mit abgegolten wurden (Hörle 201).

Nicht zu ersetzen sind auch die Kosten des Rücktransports, weil sie nicht infolge des Vertrags, sondern infolge des Rücktritts entstehen. Dagegen hat der Käufer dem Verkäufer die Kosten eines Widerspruchsprozesses, der wegen Pfändung der Sache bei dem Käufer geführt wurde, zu ersetzen (s. oben S. 48).

c) Ersatz für die durch ein Verschulden des Käufers oder durch einen sonstigen von ihm zu vertretenden Umstand verursachten Beschädigungen der Sache (§ 2 Abs. 1 AbzG.).

d) Ersatz für den Schaden, der dadurch entstanden ist, daß die Sache infolge eines vom Käufer zu vertretenden Umstandes zwischen Übergabe und Zugang der Rücktrittserklärung (für die nachfolgende Zeit sind die §§ 994 Abs. 2, 996, 1000 bis 1003 BGB. maßgebend, Hörle 211) untergegangen oder beschädigt ist (§ 2 Abs. 1 AbzG.). Der Umfang der Ersatzpflicht ist nach §§ 249ff. BGB. zu bemessen. Welche Umstände der

Käufer zu vertreten hat, bestimmt das allgemeine bürgerliche Recht. Hiernach hat er nicht nur das in § 2 AbzG. erwähnte eigene Verschulden (§ 276 BGB.), sondern auch das Verschulden der Erfüllungsgehilfen (§ 278 BGB.) zu vertreten. Hierunter fällt der ordnungswidrige Gebrauch und die mangelhafte Obhut der Sache. Es gehören hieher nur solche Beschädigungen der Sache, die nicht durch normale Abnützung verursacht sind (Lechner 16).

Für zufällige Verschlechterung haftet der Käufer nicht.

e) Wertvergütung für die Überlassung des Gebrauchs oder der Benützung, also für die Abnützung der Sache, wobei auch die hiedurch eingetretene Wertminderung zu berücksichtigen ist (§ 2 Abs. 1 AbzG.).

Im Regelfall wird diese Vergütung nach den ortsüblichen Sätzen für eine mietweise Überlassung der Sache zu bemessen sein. Dabei ist aber zu beachten, daß neue Gegenstände, z. B. Kraftwagen schon durch einen ganz kurzen Gebrauch, ja nach längerer Zeit sogar ohne Gebrauch (z. B. Möbel, weil sie inzwischen unmodern geworden sind) erheblich an Wert verlieren. Man muß also hinsichtlich der ortsüblichen Mietsätze zwischen neuen und schon gebrauchten Sachen unterscheiden.

Für eine Benützung nach dem Rücktritt sind die §§ 347, 987 BGB. maßgebend.

Wortregister.

(Die Zahlen verweisen auf die Seiten.)

W.

Z.

FSC
www.fsc.org
MIX
Papier | Fördert gute Waldnutzung
FSC® C083411

Kolibri 360 GmbH
Ferdinand-Jühlke-Straße 7
99095 Erfurt, Deutschland
produktsicherheit@kolibri360.de